누가 해도 참 맛있는
나를 위한
밥상 2

# 프롤로그

### 남는 재료 보관과 냉장고 속을 파악하자

장을 봐서 요리를 하고 나면 남는 재료들이 있기 마련이죠. 이런 재료들은 공기와 최대한 접촉을 막아 냉장 또는 냉동 보관을 하면 상하기 전에 또 요리에 사용할 수 있어요. 위생 비닐이나 랩을 이용해서 공기 접촉을 막고, 밀폐 용기에 보관하면 일주일 이상 두어도 안전해요. 봉지에 든 재료들은 개봉 후 애니락 같은 밀폐 용구를 이용해서 잠금 장치를 해도 유용하죠. 좀 더 오래 보관하고 싶은 재료는 진공 포장기를 사용해 밀봉하는 것도 좋은 방법이에요. 이렇게 보관한 재료들은 무엇이 어디에 들어 있는지 수시로 체크해야 나도 모르게 썩어서 버리게 되는 일이 없답니다.

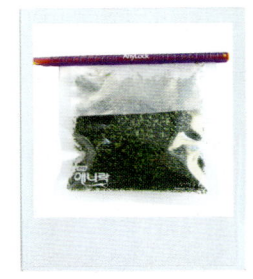

### 대파, 마늘, 생강과 친해지자

요리를 하는 데 대파, 마늘, 생강 다루기를 꺼려한다면 거의 모든 요리가 막막해집니다. 대파는 흰 부분을 주로 요리에 사용하고, 파란 잎이나 뿌리는 국물 낼 때 사용하죠. 랩으로 감싸 밀폐 용기에 담아 보관하면 한 달을 두고 사용해도 상하지 않는답니다. 마늘은 한 번에 많이 다져 냉동 보관하기도 하는데 그것보다는 통마늘을 그때그때 껍질을 까서 다지는 것이 향도 좋고 색도 좋답니다. 생강은 자주 사용하는 일이 없어서 잘 구입하지 않게 되죠. 하지만 잡내를 없애는 용도로 생강만큼 좋은 것이 없어요. 생강가루보다는 생으로 다지거나 노란 즙을 짜서 사용해보세요. 요리의 격이 달라집니다. 보통 양념에 파가 (1)이 들어가면 마늘은 (0.5), 생강은 (0.3) 비율로 넣어요.

## 음식 맛은 장맛이다

신선한 재료가 준비되면 어떤 장으로 간을 하느냐에 따라 맛이 달라지죠. 우선 소금은 국산 천일염을 사용해야 맛이 좋은데 요즘은 중국산 공업용 소금이 국산 소금으로 둔갑해서 시중에 나돌고 있지요. 이런 소금은 정육면체가 아니고 딱딱하면서 물에 잘 녹지도 않아요. 좋은 국산 소금은 간수가 잘 빠져 손으로 쥐었다 폈을 때 묻어나지 않고, 물에도 쉽게 녹으면서 너무 짜지 않고 뒷맛에 단맛이 돌아요. 이런 소금으로 액젓을 만들거나 된장, 고추장을 만든다면 그 맛이 일품이에요.

## 설거지 실력이 요리 실력이다

밥을 한 번만 해먹고 말 것은 아니기 때문에 설거지를 바로바로 하는 것은 매우 중요해요. 요리를 하는 도중에도 음식물 쓰레기를 치우고, 사용한 냄비나 조리 도구를 세척하고, 양념통들을 정리해야 요리가 끝나고 나서 최소한의 설거지 거리만 남게 되죠. 식사가 끝나면 바로 미지근한 물에 헹구고, 설거지를 해두어야 다음에 요리를 할 때 설거지부터 시작하는 일이 없답니다.

2007년 2월

# contents

프롤로그 · 2
나물이식 계량의 이해 · 8

## PART 1 나물이네 국물 요리

### 국

바지락이랑 **냉이된장국** · 12
위장에는 **근댓국** · 14
장마 뒤에 **가지냉국** · 16
찜질방 **미역국** · 18
축하해요~ **북어미역국** · 19
신나는 아침 **소고기뭇국** · 20
구수한 감칠맛 **무토장국** · 21
지대로다 **어묵국** · 22
어색한 만남 **콩나물어묵국** · 23
씨락씨락 **시래깃국** · 24
맑고 시원한 **오징어뭇국** · 26
부드러운 **순두부된장국** · 27

### 찌개

맑은 **비지찌개** · 28
시원하게 **오징어된장찌개** · 29
고깃집 **소고기된장찌개** · 30
폭신폭신 **유부된장찌개** · 31
착한 **두부찌개** · 32
MT 가서 먹는 **고추장찌개** · 33
총각김치 **청국장찌개** · 34

### 탕

맑고 깨끗하게 **새우완자탕** · 36
진한 감동 **버섯들깨탕** · 37
대보름 이후 **닭개장** · 38
깻잎 향 **닭매운탕** · 40
소주 땡기는 **조기매운탕** · 42
가을 남자는 **추어탕** · 44
해장으로 **우거지갈비탕** · 46

## PART 2 나물이네 밑반찬

### 야채 반찬

우울한 봄날 **원추리나물** · 50
산에 들에 **잔대나물** · 51
제주의 향기 **유채나물** · 52
봄을 만나 **달래무침** · 53
장수하는 **비름나물** · 54
바람의 아들 **방풍나물** · 55
어린 배추 **봄동겉절이** · 56
뽀빠이 **시금치나물** · 57
고추 먹고 맴맴 **고춧잎나물** · 58
한방에 **쑥갓나물** · 59
풋풋한 **풋마늘무침** · 60
후다닥 **마늘종무침** · 61
무지 쉬운 **단무지무침** · 62
노익장 **노각나물** · 63
김 부스러기 **쪽파나물** · 64
팍팍 **무초나물** · 65
대보름에 취한 **미역취나물** · 66
대보름 **호박고지나물** · 68
울릉도 **부지갱이나물** · 70
고기나물 **삼나물초무침** · 72
쌉싸래한 **씀바귀무침** · 73
상큼 발랄하게 **오이초무침** · 74
깔끔 떠는 **오이나물** · 75
아삭아삭 **얼갈이배추나물** · 76
국물이 보약 **얼갈이물김치** · 77
쓴맛 빼고 **고들빼기김치** · 78
힘을 부추기는 **부추김치** · 79
선물 같은 **풋고추김치** · 80
향긋한 **깻잎김치** · 81
아그작작 **오이소박이** · 82
장마철 **양배추김치** · 84
아삭 개운한 **양파장아찌** · 85
밥도둑 **묵은지찜** · 86
불고기 양념 **가지볶음** · 87
깔끔이 **감자볶음** · 88
도시락에 **감자조림** · 89

쪼글쪼글 **알감자조림** · 90
스위트 **고구마조림** · 91
밥 줘~ **호박조림** · 92
아~~~ **호박잎쌈** · 93
해파리 친구 **콩나물냉채** · 94
아삭아삭 **콩나물장조림** · 95
쫄깃쫄깃 **곤약버섯장조림** · 96
레몬간장 **두부숙회** · 98
매일 반찬 **두부조림** · 99
일거양득 **비지전** · 100
두부 맛 **검은콩지짐이** · 101
경상도의 향기 **방아장떡** · 102
고추 넣고 **고추장떡** · 103
꼬들꼬들 **팽이버섯볶음** · 104
잘각잘각 **팽이버섯전** · 105
봄비와 **호박부침개** · 106
식당 반찬 **미역줄기볶음** · 107
까시리 **해초무침** · 108
건강이 톡톡 **톳나물무침** · 109

## 고기&해물&생선 반찬

뚝배기 **달걀탕** · 110
명란젓 **달걀찜** · 111
차례상에 **동그랑땡** · 112
비 오늘 날 **참치전** · 113
셀러리 향 **돼지고기볶음** · 114

냄새 없는 **오리주물럭** · 115
다 모아 **어묵햄볶음** · 116
다양한 식감 **어묵곤약볶이** · 117
껍질째 먹는 **꽃게튀김** · 118
바삭바삭 **방게볶음** · 119
어물전 망신 **꼴뚜기조림** · 120
반건조 **오징어조림** · 121
아싸리 **꽈리고추멸치볶음** · 122
반찬가게 **멸치새우볶음** · 123
석쇠에 구운 **뱅어포구이** · 124
국내산 **쥐포볶음** · 125
달달한 **잔멸치볶음** · 126
하나면 충분! **꽁치총각김치조림** · 127
황금빛 **삼치데리야끼** · 128
후끈 달아오른 **전복조림** · 129
코 껴서 **코다리볶음** · 130
두반장 **조기조림** · 132

**PART 3**

## 나물이네 구이 요리

폼 나는 **로스트치킨** · 136
때깔 좋은 **닭날개구이** · 138
피자훗 **버펄로윙** · 139
꽃돼지 **로스트포크** · 140
아웃벅 **바비큐립** · 142

데리야끼 **장어구이** · 144
고추장 **장어구이** · 145
싱싱해 **고등어구이** · 146
겉절이와 **삼치카레구이** · 147
마사고 **새우구이** · 148
머슬머슬 **그린홍합구이** · 149
뜯어 뜯어 **낙지호롱구이** · 150
가을비와 **송이버섯산적** · 152
좋은 머리 **바나나토스트** · 153
피자햇 **포테이토스킨** · 154
휴게소 감자 **리졸레포테이토** · 155
화끈한 **펜네포르노** · 156
부드러운 **감자그라탱** · 158
여름에는 **가지그라탱** · 160
더블치즈 **또띠아피자** · 161

**PART 4**

## 나물이네 면 요리

개운한 **홍합칼국수** · 164
중복날 먹은 **닭칼국수** · 166
정직한 국물 맛 **초계탕** · 167
더위 막아 **막국수** · 168
옹기종기 **쟁반국수** · 169
시원한 경상도 **촌국수** · 170
알리오 올리오 **페페론치노** · 172

까르륵 **까르보나라** · 173
미트소스 **가지스파게티** · 174
안심하고 **로지스파게티** · 176
특별한 날 **안초비스파게티** · 178
자루소바 **메밀국수** · 180
오동통통 **유부우동** · 182
볶음우동 **야끼소바** · 184
블랙데이 **삼선자장면** · 186

**PART 5 나물이네 스페셜 요리**

## 별미 한 그릇 요리
새우젓무침과 **다시마쌈밥** · 190
위에 좋은 **양배추쌈밥** · 191
피로야 가라 **굴밥** · 192
황해도 **김치밥** · 194
정월대보름 **오곡밥** · 195
바다의 나물 **해초비빔밥** · 196
눈 오는 날 **해물떡국** · 197
만드레 **곤드레나물밥** · 198
중국집 **해물볶음밥** · 199
부자덮밥 **오야코동** · 200
딴나라 **그린커리치킨** · 201
기운 내요 **소라죽** · 202
아프지 맙시다! **전복죽** · 204
든든하게 **삼계죽** · 206

## 별미 간식
나 홀로 성탄절 **치킨커틀릿** · 208
스위스식 감자부침 **뢰스티** · 210
웃어봐요 **치즈오믈렛** · 211
일본식 **모둠튀김** · 212
가을맞이 **추어튀김** · 213
바쁜 출근길 **토스트** · 214
티파니에서 아침을 **스크램블에그** · 215
식빵튀김 **몬테크리스토** · 216
맛있구마 **고구마샐러드** · 218
지글지글 **콘버터** · 219
별다방 **그린티프라푸치노** · 220
꿈나라로 **스무디** · 221
수다 떨며 **비빔만두** · 222
아점해요 **연어베이글** · 223
쑥떡쑥떡 **쑥버무리** · 224
봄비와 함께 **쑥전** · 225
형형색색 **찜케이크** · 226
포슬포슬 **단호박떡케이크** · 228
아기를 지켜라 **수수팥떡** · 230

## 손님 초대상
구구절절 **구절판** · 232
무지개 **무쌈** · 234
으라차차 **대하찜** · 236
손꾸락 쪽쪽 **킹크랩찜** · 238
아롱아롱 **사태찜** · 240
힘이 펄펄 나는 **붕어찜** · 242
소면과 **소라무침** · 244
막걸리와 **도토리묵무침** · 246
무생채와 **보쌈** · 247
소동파의 **동파육** · 248
코찡~ 요찡~ **양장피** · 252
여덟 가지 보물 **팔보채** · 254
화끈하게 **매운홍합볶음** · 256
새콤달콤 **유린기** · 257
카스~ **양념치킨** · 258
일본식 **스테이크** · 260
비네그레트소스와 **훈제연어샐러드** · 262
연어볼 **사케마루** · 263
문어빵 **타코야끼** · 264
상큼 발랄 **새우튀김샐러드** · 266
구운 **오징어샐러드** · 267
시저카르도니의 **시저샐러드** · 268

찾아보기 · 270

## 요리 노트

여과지 13, 207
김 안 나는 김냉국 16
표고버섯나물 35
웰컴울릉 39
수제비 반죽 만들기 41, 43
방아잎(배향초) 45
울릉도 산나물 67, 71, 72
식품 건조기 69
오이지 83
사골 국물 만들기 86
곤약 97
레몬즙 98, 146
오리고기 굽는 방법 115
전복 손질하기 129, 205
고추기름 만들기 133, 187
두반장 133, 149
씨머스타드(홀그레인 머스타드) 136, 138
알감자구이 143
실리콘 붓 151
바질(basil) 157, 175
칼국수 생면 만들기 165

바질 길러 먹기 175
생크림 177
오레가노 177
토마토 캔 179
가쓰오부시 181, 185, 265
혼다시 181
쯔유 181
무조림 183
칠미 183, 200
돈가스소스 185
자장면에 적합한 면 187
매생잇국 193
앙증맞은 꼬마커틀릿 209
키위잼 217
살라미샌드 223
살라미 223
와인 쿨러의 변신은 무죄 229
찹쌀·찰수수 불리기 231
죽순 232
쌈무 만들기 235
새우를 냉동하는 방법 237
전호 245

실파무침 249
오징어 손질하기 250
오징어 칼집 넣기 251
양장피 252
호부추 252
그린홍합 255
불린 해삼 255
대체 재료들 255
무초절임 259
발사믹식초 261
그릴팬 261
스피어민트 263
우스타소스 269

# 나물이식 계량의 이해

## 손으로 계량

**야채 1줌**
먹기 좋게 썰어 가볍게
쥐었을 때의 양

**단 1줌**
채소를 자르지 않고
단으로 쥐었을 때의 양

**덩어리 1줌**
육류나 해물을 가볍게
쥐었을 때의 양

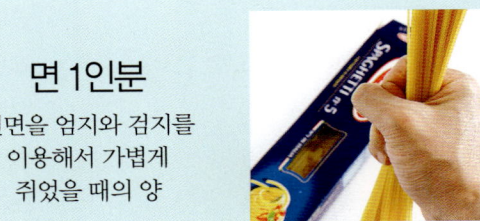

**면 1인분**
건면을 엄지와 검지를
이용해서 가볍게
쥐었을 때의 양

## 종이컵으로 계량  고기 1컵 = 200g   물 1컵 = 180g   설탕 1컵 = 170g   밀가루 1컵 = 100g

1컵

½컵

⅓컵

¼컵

## 숟가락으로 계량

| 장 | 액체 | 가루 | 야채 |
|---|---|---|---|

**1**

고추장 (1)
한 숟가락을 가볍게 떠서 약간 볼록한 모양

식용유 (1)
액체를 숟가락에 살살 부어 약간 볼록한 모양

설탕 (1)
한 숟가락을 가볍게 떠서 좌우로 살살 흔들어 수평을 만든 모양

대파 (1)
한 숟가락에 가볍게 얹어지는 모양

**0.5**

된장 (0.5)
반 숟가락을 가볍게 떠서 약간 볼록한 모양

맛술 (0.5)
액체를 숟가락에 살살 부어 반만 찬 모양

고춧가루 (0.5)
반 숟가락을 가볍게 떠낸 모양

다진 파 (0.5)
반 숟가락에 가볍게 얹어지는 모양

**약간**

생강가루 (0.3)
숟가락 끝으로 살짝 떠낸 모양

꽃소금 (0.2)
엄지와 검지를 이용해서 집어낸 양. 세 손가락으로 집으면 0.3

후춧가루 (0.1)
가루통을 한 번 쳐서 들어가는 양. 두 번 치면 0.2

분량 표기가 없는 것
분량 표기가 없는 것은 각자 입맛에 맞게 취향껏 넣으세요

## 계량스푼을 **밥숟가락**으로 환산하기

### 환산하는 요령
3큰술은 3큰술×15cc = 45cc입니다. 이것을 밥숟가락으로 환산하려면 가운데에 점 하나만 찍어주세요.
(4.5) = 밥숟가락으로 네 숟가락 반을 넣으면 되는 거죠.

3작은술은 3작은술×5cc = 15cc입니다. 이것을 밥숟가락으로 환산하려면 가운데에 점 하나만 찍어주세요.
(1.5) = 밥숟가락으로 한 숟가락 반을 넣으면 되는 거죠.

### 환산 결과
1큰술 = 한 숟가락 반 (1.5)
2큰술 = 세 숟가락 (3)
3큰술 = 네 숟가락 반 (4.5)
4큰술 = 여섯 숟가락 (6)
5큰술 = 일곱 숟가락 반 (7.5)

1작은술 = 반 숟가락 (0.5)
2작은술 = 한 숟가락 (1)
3작은술 = 한 숟가락 반 (1.5)
4작은술 = 두 숟가락 (2)
5작은술 = 두 숟가락 반 (2.5)

### 각각의 용량비교
1큰술 15cc
1숟가락 10cc
1작은술 5cc

나무에게 말삼2

## 바지락이랑 냉이된장국

냉이가 채소 중에서 단백질이 가장 많이 들어 있고, 특히 잎에는 비타민 A가 많다고 해요.
봄이 오면 바지락이랑 냉이로 봄기운을 느껴보세요.

향긋한 국물이
끝내줘요~~^^

### 재료준비 2인분

**주재료** 냉이(3줌=150g), 바지락(2줌=180g)
**부재료** 양파(½개)
**양념** 된장(2), 고추장(0.5), 다진 마늘(0.5)
**멸치다시마 국물** 물(4컵), 국멸치(8마리), 다시마(사방 10cm 1장)

### 멸치다시마 국물

**1** 물(4컵)에 다시마(사방 10cm 1장), 국멸치(8마리) 넣어 5분 정도 끓이다가 다시마만 건져내고, 5분 정도 더 끓인 다음 국멸치도 건져내고,

**2** 멸치다시마 국물에 손질한 냉이(3줌=150g) 넣어 1분 정도 데친 다음 건져서 먹기 좋은 크기로 썰어놓고,

> **어드바이스**
> 냉이를 잘 씻어 콩가루에 한 번 굴린 뒤 넣으면 더 고소해요.

**3** 냉이를 데친 멸치다시마 국물에 바지락(2줌=180g) 넣어 입이 벌어지도록 끓인 다음,

**4** 냉이와 바지락의 불순물 제거를 위해 국물을 여과지에 걸러주고,

### 요리노트

**여과지**

이마트에서 판매하는 일회용 여과지를 이용하면 깔끔하고, 편하게 불순물과 기름을 걸러낼 수 있어요.

**5** 여과지에 거른 국물에 양파(½개) 넣어 팔팔 끓이다가 데친 냉이와 바지락을 넣어 끓이고,

**6** 된장(2), 고추장(0.5), 다진 마늘(0.5) 넣고 마무리.

카라 큐물러스
사각볼 (15×15cm)

위장에는 **근댓국**

부드러운 근대가 위장을 보호해줘서 위와 장이 약한 사람에게 근댓국이 좋대요. 소고기가 없으면 멸치다시마 국물 내서 보리새우를 넣고 끓여도 맛있어요.

## 재료준비 2인분

**주재료** 근대(20장), 물(4컵)
**부재료** 소고기(잡채용 ½줌), 붉은고추(½개)
**데치는 물** 물(5컵), 굵은소금(1)
**소고기 양념** 국간장(0.6), 설탕(0.3), 다진 파(0.5),
다진 마늘(0.3), 후춧가루(0.2),
참기름(0.3)
**양념** 된장(2), 다진 마늘(0.3)

1 근대(20장)는 줄기 끝을 꺾으면서 잡아당겨 섬유질을 벗기고,

2 끓는 물(5컵)에 굵은소금(1), 손질한 근대를 넣어 3분 정도 데치고, 찬물에 헹궈 물기 꼭 짠 다음 먹기 좋게 3등분하고,

3 소고기(잡채용 ½줌)에 국간장(0.6), 설탕(0.3), 다진 파(0.5), 다진 마늘(0.3), 후춧가루(0.2), 참기름(0.3) 넣어 버무려두고,

**어드바이스** 소고기는 찬물에 담가 핏물을 빼야 끓일 때 거품이 덜 생겨요.

4 끓는 물(4컵)에 된장(2) 풀고, 양념한 소고기를 넣어 끓이고,

**어드바이스** 물은 쌀뜨물을 이용하면 더욱 좋고, 거품이 생기면 모두 걷어내세요.

5 데친 근대도 넣어 뚜껑 덮고 15분 정도 끓이다가,

6 다진 마늘(0.3), 붉은고추(½개) 넣고 마무리.

**어드바이스** 모자라는 간은 국간장으로 하세요.

지긋지긋한 장마도 물러가고, 무더위가 기승을 부릴 때면 가격도 저렴한 가지를 이용해서 냉국을 만들어 먹지요. **가지나물을 무치다가 멸치다시마 국물에 양념해서 부어주면 시원한 가지냉국이 됩니다.**

## 장마 뒤에 가지냉국

### ● 요리노트

김 안 나는 김냉국

**재료준비** 2인분

**주재료** 김(김밥용 8장), 생수(4컵)
**양념** 국간장(4), 고춧가루(0.5), 다진 마늘(0.4), 다진 청양고추(0.5), 다진 붉은고추(0.5), 깨(0.4)

1 김(김밥용 8장)을 약불에서 앞뒤로 굽고,

2 가위로 잘게 잘라 볼에 담고,

3 생수(4컵), 국간장(4), 고춧가루(0.5), 다진 마늘(0.4), 다진 청양고추(0.5), 다진 붉은고추(0.5), 깨(0.4) 넣어 냉장 보관하고 마무리.
취향에 따라 참기름을 몇 방울 넣어 드세요.

### 재료준비 2인분

**주재료** 가지(2개)
**부재료** 다진 붉은고추(0.5), 다진 청양고추(0.5)
**가지 양념장** 국간장(1), 송송 썬 쪽파(1),
　　　　　　　다진 마늘(0.5), 고춧가루(0.4),
　　　　　　　설탕(0.3), 고운소금(0.3),
　　　　　　　깨(0.3), 참기름(0.3)
**멸치다시마 국물** 물(2컵), 국멸치(4마리),
　　　　　　　　　다시마(사방 5cm 1장)
**국물 양념** 국간장(1), 설탕(1), 식초(1),
　　　　　　고운소금(0.3)

**1** 물(2컵)에 다시마(사방 5cm 1장), 국멸치(4마리) 넣어 5분 정도 끓이다가 다시마만 건져내고, 5분 정도 더 끓인 다음,

**2** 멸치다시마 국물을 고운 체에 걸러 냉동실에 2시간 정도 보관해서 차게 만들어두고,

**3** 가지(2개)는 4등분한 다음 끝에 4등분 칼집을 넣어 찬물에 담가 아린 맛을 빼고,

**4** 아린 맛을 뺀 가지를 김이 오른 찜통에 3분 정도 찐 다음 식히고,

> **어드바이스**
> 비닐봉지에 담아 전자레인지에 3분 정도 돌려 익혀도 돼요.

이대로 담아내면 가지나물무침이고, 밥반찬으로 아주 좋아요.

**가지나물무침**　　　　**가지냉국**

**5** 찐 가지는 칼집 넣은 대로 찢어 물기를 살포시 짜고,

**6** 국간장(1), 송송 썬 쪽파(1), 다진 마늘(0.5), 고춧가루(0.4), 설탕(0.3), 고운소금(0.3), 깨(0.3), 참기름(0.3) 섞은 가지 양념장을 넣어 무치고,

> **어드바이스**
> 다진 붉은고추(0.5), 다진 청양고추(0.5)를 넣어주면 더욱 좋아요.

**7** 차게 만든 멸치다시마 국물에 국간장(1), 설탕(1), 식초(1), 고운소금(0.3) 섞어 가지나물무침에 붓고 마무리.

> **어드바이스**
> 얼음을 2~3개 동동 띄우면 더욱 시원해요.

## 찜질방 미역국

**재료준비** 2인분

**주재료** 불린 미역(2줌), 물(5컵)
**양념** 들기름(1), 까나리액젓(2), 다진 마늘(0.5), 고운소금(0.4), 후춧가루(0.2)

액젓으로 맛을 내고, 국물이 뽀얗게 되도록 오래 끓이면 시원한 찜질방 미역국이 되지요. 액젓은 백령도산 까나리액젓을 사용했는데, 좋은 까나리액젓은 색이 투명하면서 비리지 않고, 구수한 까나리 향이 나요.

**1** 들기름(1) 두른 팬에 불린 미역(2줌) 넣어 달달달 볶고,

**2** 물(5컵)에 볶은 미역과 까나리액젓(2)을 넣고 중불에 30분 정도 끓이고,

**어드바이스** 거품이 생기면 모두 걷어내고, 액젓은 비린내가 나지 않는 신선한 것으로 넣으세요.

**3** 다진 마늘(0.5), 고운소금(0.4), 후춧가루(0.2) 넣고 마무리.

**어드바이스** 파에 있는 인과 유황이 미역에 있는 칼슘을 파괴해서 체내 흡수를 방해하기 때문에 파는 넣지 않아요.

## 재료준비 2인분

**주재료** 불린 미역(2줌), 북어포(1줌), 양파(½개)
**양념** 들기름(1), 맛술(1), 국간장(2), 고운소금(0.3), 다진 마늘(0.5), 들깨가루(2)
**육수** 물(5컵)에 다시마(사방 10cm 1장), 건새우(5마리), 북어 머리(1개), 양파(½개) 넣고 15분 정도 끓인 다음 체에 걸러 준비하세요.

## 축하해요~ 북어미역국

미역국에 고기 들어가는 것을 싫어하는 분들은 조개류나 생선류를 넣어 끓이면 시원한 맛이 좋죠. 북어만 넣고 끓이면 맛이 심심하니까 육수를 잘 만들어 넣어보세요. 또 마지막에 들깨가루를 넣으면 구수한 맛이 더해집니다.

**1** 북어포(1줌), 불린 미역(2줌)은 물에 담가 불린 다음 건져 물기 빼고,

**2** 들기름(1) 두른 냄비에 북어포와 불린 미역을 넣어 볶다가 맛술(1), 국간장(2) 넣어 좀 더 볶은 다음,

**3** 육수(5컵) 넣고 15분 정도 끓이다가 고운소금(0.3) 넣어 간하고,

**어드바이스** 거품이 생기면 모두 걷어내세요.

**4** 양파(½개), 다진 마늘(0.5), 들깨가루(2) 넣고 마무리.

**어드바이스** 들깨가루는 들깨를 씻어 마른 팬에 살짝 볶고나서 간 다음 체에 내려 껍질을 걸러내세요.

Part 1 나물이네 국물 요리

아침에 소고기뭇국과 깍두기 한 종지만 있으면 신나라 밥을 먹죠. 해장을 하고 싶으면 경상도식으로 고춧가루와 콩나물을 넣고 끓여도 좋고요. 소고기가 연한 불고깃감이면 양념해서 볶다가 물을 부어 간편하게 끓여도 돼요.

### 재료준비 2인분

**주재료** 소고기(양지머리 1줌=100g), 무(2줌=200g), 물(10컵)
**부재료** 다시마(사방 10cm 1장)
**소고기 양념** 국간장(1), 송송 썬 파(1), 다진 마늘(0.5), 후춧가루(0.2)
**양념** 고운소금(0.5)

## 신나는 아침 소고기뭇국

**1** 물(10컵)에 소고기(양지머리 1줌=100g) 넣어 1시간 정도 삶고,

**2** 삶은 소고기는 건져내서 먹기 좋게 결대로 찢은 다음 국간장(1), 송송 썬 파(1), 다진 마늘(0.5), 후춧가루(0.2) 넣어 밑간하고,

**3** 소고기 삶은 육수(5컵)에 무(2줌=200g)와 다시마(사방 10cm 1장) 넣어 10분 정도 끓이다가 다시마만 건져내고,

**4** 밑간한 소고기를 넣어 10분 정도 더 끓인 다음 고운소금(0.5) 넣어 간하고 마무리.

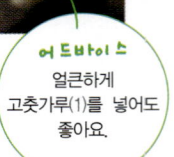

어드바이스
얼큰하게 고춧가루(1)를 넣어도 좋아요.

소고기뭇국에 장을 진하게 풀어 끓이면 구수한 감칠맛이 참 좋아요. 소고기는 연한 불고깃감으로 채 썰거나 다진 고기를 준비해서 키친타월로 핏물만 닦아내고 사용하세요. **핏물이나 불순물은 끓이다가 거품으로 나타나는데 모두 걷어내는 것이 깔끔하고, 맛있는 국을 끓이는 비결이에요.**

### 재료준비 2인분

**주재료** 소고기(잡채용 1줌), 무채(2줌), 물(5컵)
**부재료** 대파(5cm 길이 1대)
**소고기 양념** 국간장(1), 다진 마늘(0.5)
**양념** 참기름(0.5), 된장(2), 고추장(1)

## 구수한 감칠맛 무 토장국

**1** 소고기(잡채용 1줌)에 국간장(1), 다진 마늘(0.5) 넣어 무치고,

**2** 참기름(0.5) 두른 냄비에 넣어 볶다가,

**3** 물(5컵), 무채(2줌) 넣어 10분 정도 끓이면서 거품은 모두 걷어내고,

**어드바이스** 여기에 그냥 국간장으로 간을 하면 소고기뭇국이에요.

**4** 된장(2), 고추장(1) 넣어 중불에서 5분 정도 더 끓이다가 대파(5cm 길이 1대) 썰어 넣고 마무리.

## 지대로다 어묵국

우동소스를 만들어두면 언제든지 지대로 국물을 낼 수 있어요. **어묵국에는 칠미를 뿌려 먹으면 좋은데,** 칠미는 고춧가루, 검은깨, 참깨, 생강, 마늘, 진피(귤껍질), 산초를 섞어 만든 일본 조미료예요.

### 재료준비 2인분

**주재료** 모둠 어묵(2줌=150g), 무(1줌)
**부재료** 삶은 달걀(1개), 대파(5cm 길이 1대)
**양념** 다진 마늘(0.5), 후춧가루(0.2)
**국물** 물(3컵), 우동소스(1컵)

**어드바이스** 우동소스 만드는 방법은 유부우동(183쪽)을 참조하세요.

**1** 물(3컵)에 우동소스(1컵), 무(1줌) 넣어 15분 정도 끓이는 동안,

**2** 모둠 어묵(2줌=150g)은 뜨거운 물에 헹궈 나쁜 기름을 빼고,

**3** 끓인 국물에 모둠 어묵과 삶은 달걀(1개) 넣어 3분 정도 더 끓이고,

달걀 삶는 방법 : 찬물(4컵)에 굵은소금(0.5)과 실온에 있던 달걀을 넣어 10분 끓이면 반숙이 되고, 15분 정도 끓이면 완숙이 되는데, 삶은 달걀은 찬물에 담가 식히면서 껍질을 벗기면 잘 벗겨져요.

**4** 대파(5cm 길이 1대), 다진 마늘(0.5) 넣고, 후춧가루(0.2) 뿌리고 마무리.

**어드바이스** 달걀은 4등분해서 그릇에 담고, 쑥갓을 넉넉히 올려주면 맛나요.

콩나물과 어묵이 국물 속에서 어색하게 만나지만 시원한 국물 맛이 은근히 괜찮아요. **변변한 재료 없이 시원하고 얼큰한 국물을 만드는 방법으로 딱이죠.** 멸치다시마 국물을 이용하면 더욱 좋고, 무나 김치를 넣으면 더욱 시원하죠.

### 재료준비 2인분

**주재료** 콩나물(2줌), 어묵(1줌), 물(4컵)
**부재료** 붉은고추(½개)
**양념** 국간장(2), 된장(0.4), 고춧가루(0.4), 다진 파(0.5), 다진 마늘(0.3), 후춧가루(0.1)

### 어색한 만남 콩나물어묵국

**1** 물(4컵)에 콩나물(2줌) 넣어 7분 정도 끓이는 동안,

**어드바이스** 국물을 꼭 짠 김치도 송송 썰어 넣으면 더욱 좋아요.

**2** 어묵은 뜨거운 물에 헹궈 나쁜 기름을 빼고,

**3** 끓인 국물에 어묵(1줌), 국간장(2), 된장(0.4), 고춧가루(0.4) 넣어 좀 더 끓이다가,

**4** 다진 파(0.5), 다진 마늘(0.3), 후춧가루(0.1)와 붉은고추(½개) 송송 썰어 넣고 마무리.

## 씨락씨락 시래기국

11월에 무청을
푹~ 삶아서
찬물에 헹구지
않고 그대로
햇볕이 들지
않는 서늘한 곳에 널어
말린 것을 '시래기' 라고
하죠.

김장철 배추겉잎을 정리한 파란 배춧잎은 '우거지' 라 하고, '얼갈이' 는 언 땅을 대강 갈아 재배한 속이 차지 않은 배추를 말하고요.

경상도에서는 시래기를 '씨락' 이라고도 해요.

## 재료준비 2인분

**주재료** 시래기(2줌)
**부재료** 콩나물(1줌), 대파(5cm 길이 1대)
**시래기 양념** 된장(1), 다진 파(1),
　　　　　　　다진 마늘(0.5), 들기름(1)
**국물 양념** 국간장(1), 고추장(0.5), 후춧가루(0.2)
**멸치다시마 국물** 물(5컵), 국멸치(10마리),
　　　　　　　　　다시마(사방 10cm 1장)

1 물(5컵)에 다시마(사방 10cm 1장), 국멸치(10마리) 넣고 10분 정도 끓여 멸치다시마 국물을 만들어두고,

어드바이스 - 물은 쌀뜨물을 이용하면 더욱 좋아요.

2 시래기는 찬물에 20분 정도 불렸다가 끓는 물에 10분 정도 삶은 다음, 다시 찬물에 20분 정도 담가 쓴맛을 빼고 나서 줄기의 껍질을 벗기고,

어드바이스 - 껍질을 벗겨야 질기지 않고 양념이 잘 배어요.

웨어에버 유익 (궁중팬)

3 궁중팬에 먹기 좋게 자른 시래기(2줌), 된장(1), 다진 파(1), 다진 마늘(0.5), 들기름(1) 넣어 조물조물 무쳤다가 살짝 볶고,

4 준비해둔 멸치다시마 국물(5컵)을 붓고,

5 콩나물(1줌), 국간장(1), 고추장(0.5) 넣고 뚜껑 덮어 6분 정도 끓이고,

6 대파(5cm 길이 1대), 후춧가루(0.2) 넣고 마무리.

## 맑고 시원한 오징어뭇국

국물을 맑고 투명하게 하고 싶으면 오징어의 껍질을 모두 벗겨내고 끓이세요. 오징어의 껍질을 벗길 때는 손가락에 굵은소금을 조금 묻히고 잡아당기면 잘 벗겨져요.

### 재료준비 2인분

**주재료** 오징어(18cm 길이 1마리), 무(4줌)
**부재료** 송송 썬 대파(2), 청양고추(1개), 붉은고추(1개)
**양념** 다진 마늘(1), 국간장(1), 고운소금(0.4), 후춧가루(0.2)
**멸치다시마 국물** 물(5컵), 국멸치(10마리), 다시마(사방 10cm 1장)

**1** 물(5컵)에 다시마(사방 10cm 1장), 국멸치(10마리) 넣어 5분 정도 끓이다가 다시마만 건져내고, 5분 정도 더 끓인 다음 국멸치도 건져내고,

**2** 무(4줌) 넣고 10분 정도 끓여 투명하게 익히면서 거품은 모두 걷어내고,

**3** 손질한 오징어(18cm 길이 1마리) 썰어 넣어 살짝 익히고, 국간장(1), 고운소금(0.4) 넣어 간하고,
오징어는 몸통과 다리를 분리하고, 몸통 속 내장을 긁어낸 다음 뼈 한 줄기를 잡아당겨 빼고, 밀가루 또는 굵은소금으로 문지르면서 흐르는 물에 깨끗이 씻어 준비하세요.

**4** 대파(2), 청양고추(1개), 붉은고추(1개), 다진 마늘(1), 후춧가루(0.2) 넣고 마무리.

**어드바이스** 취향에 따라 고춧가루(1)를 넣어 얼큰하게 먹어도 좋아요.

**재료준비** 2인분

**주재료** 순두부(1봉지), 바지락(2줌), 굵은소금(0.3)
**부재료** 팽이버섯(½봉지), 무즙(2),
송송 썬 실파(2), 청양고추(½개)
**양념** 된장(2), 국간장(0.5), 다진 마늘(0.5)
**멸치다시마 국물** 물(4컵), 국멸치(8마리),
다시마(사방 10cm 1장)

카라 큐뮬러스
사각볼(15×15cm)

# 부드러운 순두부된장국

순두부찌개는 얼큰한 양념으로 끓이는 것이 보통인데,
가끔은 맑은 된장 국물로 속을 부드럽게 감싸주면
술로 쓰린 속이 좋아라 해요.

**1** 순두부(1봉지)에 굵은소금(0.3) 뿌리고 체에 받쳐 물기를 빼고,

**2** 물(4컵)에 다시마(사방 10cm 1장), 국멸치(8마리) 넣어 5분 정도 끓이다가 다시마만 건져내고, 5분 정도 더 끓인 다음 국멸치도 건져내고,

**3** 된장(2), 바지락(2줌) 넣어 끓이고,

**어드바이스**
바지락은 소금물(물 5컵 + 굵은소금 1)에 담가 해감을 토하게 한 다음 깨끗이 씻어서 사용하세요.

**4** 순두부와 팽이버섯(½봉지), 국간장(0.5), 다진 마늘(0.5) 넣어 끓이다가 송송 썬 실파(2), 청양고추(½개), 무즙(2) 넣고 마무리.

Part 1 나물이네 국물 요리    27

## 맑은 비지찌개

### 재료준비 2인분

- **주재료** 메주콩(1컵), 물(3과 ½컵)
- **부재료** 얼갈이배추(2포기=1줌), 돼지고기(삼겹살 1줌)
- **얼갈이배추 양념** 새우젓(1), 다진 파(1), 다진 마늘(0.5), 생강가루(0.3), 참기름(0.5)
- **양념장** 국간장(2) + 고춧가루(0.5) + 다진 고추(1) + 다진 파(0.5) + 다진 마늘(0.5) + 깨(0.5) + 참기름(0.5)
- **소금물** 물(5컵) + 굵은소금(1)

콩을 갈아서 콩물로 두부를 만들거나 콩국수를 해먹고, 남는 비지로는 전을 해먹어도 좋고, 찌개를 끓여도 훌륭하죠. 이 비지찌개는 이북에서 즐겨 먹었던 향토 음식이라고 해요. 김치를 송송 썰어 넣어 빨갛게 끓여도 좋지만 맑게 끓여서 양념장을 곁들여 먹어도 좋아요.

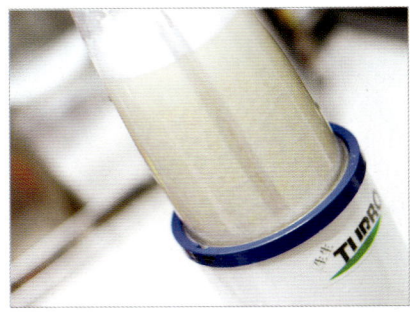

**1** 메주콩(1컵)을 찬물에 4시간 정도 불려서 껍질을 벗긴 다음, 물(3컵) 넣어 믹서에 갈아 콩비지를 만들어두고,

**2** **소금물**에 1분 정도 데쳐 찬물에 헹궈 물기 꼭 짠 얼갈이배추(2포기=1줌)에 새우젓(1), 다진 파(1), 다진 마늘(0.5), 생강가루(0.3), 참기름(0.5) 넣어 무치고,

**3** 냄비에 양념한 얼갈이배추, 돼지고기(삼겹살 1줌) 넣어 볶다가 물(½컵) 부어 익히고,

**4** 콩비지를 넣어 중불에서 뚜껑 덮어 끓인 다음 **양념장**을 곁들이고 마무리.

**어드바이스** 비지는 오래 끓이면 고소한 맛이 덜해요. 우르르 한 번만 끓여주세요.

오징어는 몸통 속 내장을 빼내고, 뼈 한 줄기도 떼어낸 다음 몸통만 요리를 하고, 다리는 따로 위생 비닐에 담아 냉동 보관해두세요. **그러면 찌개 끓일 때 요긴하게 쓰이거든요.**

### 재료준비 2인분

**주재료** 애호박(1줌), 양파(1줌), 청양고추(1개), 붉은고추(1개), 느타리버섯(1줌), 두부(⅓모), 오징어 다리(1마리분), 미나리(1줌)
**양념** 된장(3), 고추장(0.5), 고춧가루(0.5)
**멸치다시마 국물** 쌀뜨물(3컵), 국멸치(6마리), 다시마(사방 5cm 1장)

## 시원하게 오징어 된장찌개

**1** 쌀뜨물(3컵)에 다시마(사방 5cm 1장), 국멸치(6마리) 넣어 5분 정도 끓이다가 다시마만 건져내고, 5분 정도 더 끓인 다음 국멸치도 건져내고,

**2** 된장(3), 고추장(0.5) 풀고,

> **어드바이스**
> 모시조개 또는 바지락을 1줌 넣어 끓여도 좋아요.

**3** 애호박(1줌), 양파(1줌), 청양고추(1개), 붉은고추(1개), 느타리버섯(1줌), 두부(⅓모), 오징어 다리(1마리분) 넣어 끓이고,

**4** 미나리(1줌), 고춧가루(0.5) 넣고 마무리.

소갈비집에서 고기 구워 먹을 때 나오는 된장찌개는 고추장을 많이 풀어 끓이는데 그 찌개에 밥을 비벼 먹고 나면 개운한 뒷맛과 포만감에 행복하죠.

### 재료준비 2인분

**주재료** 소고기(등심 1줌), 표고버섯(2개), 멸치다시마 국물(3컵)
**부재료** 감자(1줌), 애호박(1줌), 양파(1줌), 두부(1줌), 대파(5cm 길이 1대), 청양고추(1개), 붉은고추(½개)
**소고기 양념** 국간장(1.5), 다진 마늘(0.5), 설탕(0.3), 후춧가루(0.2), 참기름(0.4)
**양념** 된장(2), 고추장(1), 고춧가루(0.5)

## 고깃집 소고기된장찌개

**1** 소고기(등심 1줌), 표고버섯(2개)에 국간장(1.5), 다진 마늘(0.5), 설탕(0.3), 후춧가루(0.2), 참기름(0.4) 넣어 조물조물 무친 다음 안지름 16cm 뚝배기에 넣어 살짝 볶다가,

**어드바이스** 멸치다시마 국물 만드는 방법은 유부된장찌개(31쪽)를 참조하세요.

**2** 멸치다시마 국물(3컵), 감자(1줌) 넣어 끓이고, 물이 끓으면 애호박(1줌), 양파(1줌)도 넣어 푹 익도록 끓여주고,

**3** 된장(2), 고추장(1), 고춧가루(0.5) 넣어 끓이면서 거품이 생기면 모두 걷어내고,

**4** 두부(1줌), 대파(5cm 길이 1대), 청양고추(1개), 붉은고추(½개) 넣고 마무리.

된장찌개나 김치찌개에 두부 대신 유부를 넣어 끓이면 폭신폭신한 맛이 독특해요. 두부를 튀긴 것이 유부잖아요.

### 재료준비 2인분

**주재료** 애호박(⅓개), 바지락(1줌), 유부(3장), 청양고추(1개)
**부재료** 대파(4cm 길이 1대), 말린 표고버섯(2개)
**양념** 된장(2), 고춧가루(0.5)
**멸치다시마 국물** 물(3컵), 국멸치(6마리), 다시마(사방 5cm 1장)

## 폭신폭신 유부된장찌개

**멸치다시마 국물**

**1** 물(3컵)에 다시마(사방 5cm 1장), 국멸치(6마리), 말린 표고버섯(2개) 넣어 10분 정도 끓이고,

**2** 다시마와 국멸치는 건져내고, 표고버섯은 먹기 좋게 썰고, 유부(3장)는 뜨거운 물에 헹궈 나쁜 기름 뺀 다음 먹기 좋게 썰고,

**3** 애호박(⅓개), 바지락(1줌), 표고버섯 순으로 넣어 끓이다가 된장(2), 고춧가루(0.5) 넣고,

**4** 유부와 청양고추(1개), 대파(4cm 길이 1대) 넣고 마무리.

두부 하나만으로도 그럴듯한 찌개가 되니까 어찌 착하다 아니할 수 있겠어요. 두부야~ 난 네가 있어 행복하단다.

  **재료준비** 2인분

**주재료** 두부(½모), 양파(½개)
**부재료** 대파(5cm 길이 1대), 다진 마늘(0.5), 청양고추(1개)
**양념** 고춧가루(1), 까나리액젓(1), 국간장(0.5), 된장(0.5), 들기름(0.3)
**멸치다시마 국물** 물(3컵), 다시마(사방 10cm 1장), 국멸치(6마리)

## 착한 두부찌개

**어드바이스**
까나리액젓 대신 새우젓을 넣어도 좋고, 두부만으로 아쉽다면 어묵이나 캔참치를 넣어주면 좋아요.

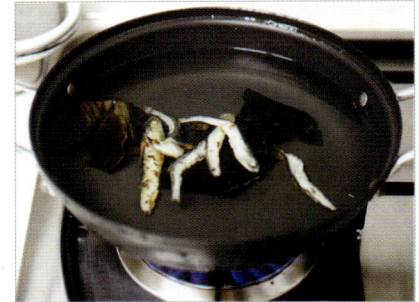

**1** 물(3컵)에 다시마(사방 10cm 1장), 국멸치(6마리) 넣어 5분 정도 끓이다가 다시마만 건져내고, 5분 정도 더 끓인 다음 국멸치도 건져내고,

**2** 두부(½모), 양파(½개), 고춧가루(1), 까나리액젓(1), 국간장(0.5), 된장(0.5) 넣어 끓이고,

**3** 대파(5cm 길이 1대), 다진 마늘(0.5), 청양고추(1개), 들기름(0.3) 넣고 마무리.

**재료준비** 2인분

**주재료** 감자(大 1개), 양파($\frac{1}{2}$개), 물(2와 $\frac{1}{2}$컵)
**부재료** 참치($\frac{1}{2}$컵=100g), 대파(10cm 길이 1대)
**양념** 고추장(1.5), 된장(0.5),
 국간장(0.5), 다진 마늘(0.5)

## MT 가서 먹는 고추장찌개

대학 때 MT 가서 별 재료 없이 해먹는 고추장찌개입니다.
**소주 일잔 하실라우? 밥 두 공기 드실라우?**

**어드바이스** 감자는 모서리를 필러를 이용해서 깎으면 부서지지 않아서 좋아요.

**1** 감자(大 1개), 양파($\frac{1}{2}$개) 썰어 준비하고,

**2** 양은냄비에 감자, 양파, 참치($\frac{1}{2}$컵 =100g), 고추장(1.5), 된장(0.5) 넣고,

**3** 물(2와 $\frac{1}{2}$컵) 부어 강불에서 15분 정도 끓이고,

**어드바이스** 참치 대신 소고기나 돼지고기를 넣어도 되는데, 돼지고기를 이용할 경우에는 멸치다시마 국물로 하세요.

**4** 중불로 줄여 5분 정도 끓이면서 국간장(0.5), 다진 마늘(0.5), 대파(10cm 길이 1대) 넣고 마무리.

## 총각김치 청국장찌개

청국장에 배추김치와 돼지고기도 좋은데, 묵은 총각김치를 처리하기 위해 총각김치를 이용해 끓여봤어요. **밥에 청국장찌개랑 표고버섯나물, 애호박나물, 콩나물, 무생채 같은 나물과 함께 고추장 넣고 비벼 먹으면 맛나죠.**

### 재료준비 2인분

**주재료** 총각김치(1줌), 두부(½모=1줌)
**부재료** 소고기(잡채용 ½줌), 국간장(0.5),
　　　　 설탕(0.2), 후춧가루(0.1), 참기름(0.3)
**표고다시마 국물**(3컵), 표고버섯(4개),
　　　　　　　　　다시마(사방 5cm 1장)
**양념** 참기름(1), 청국장(4), 대파(5cm 길이 1대),
　　　　다진 마늘(0.5), 청양고추(1), 붉은고추(1)

1 물(3컵)에 다시마(사방 5cm 1장), 표고버섯(4개) 넣어 10분 정도 끓여 표고다시마 국물을 만들고,

> **어드바이스** 국물 내고 건진 표고버섯을 나물 반찬으로 만드는 방법은 요리노트를 참조하세요.

2 소고기(잡채용 ½줌)에 국간장(0.5), 설탕(0.2), 후춧가루(0.1), 참기름(0.3) 넣어 조물조물 무치고,

3 안지름 18cm 뚝배기에 참기름(1) 두른 다음 양념한 소고기와 총각김치(1줌) 넣어 볶다가,

4 미리 만들어둔 표고다시마 국물을 체에 밭쳐 넣어 끓이고,

### 요리노트

**표고버섯나물**

청국장찌개를 먹을 때는 나물 반찬이 잘 어울리는데, 국물을 내고 건진 표고버섯으로 나물 반찬을 만들면 좋아요.

표고다시마 국물을 내고 나면 표고버섯은 건져서 채 썬 다음 참기름(1) 두른 팬에 볶다가 고운소금(0.3), 후춧가루(0.1), 깨(0.3) 뿌리고 마무리.

5 두부(½모=1줌), 청국장(4) 넣어 청국장이 풀어질 만큼만 끓이다가,

> **어드바이스** 거품이 생기면 모두 걷어내세요.

6 대파(5cm 길이 1대), 다진 마늘(0.5), 청양고추(1), 붉은고추(1) 넣고 마무리.

> **어드바이스** 간이 모자라면 국간장을 더 넣어요.

## 맑고 깨끗하게 새우완자탕

어묵보다 훨씬 맛있는 새우완자와 맑고 향긋한 국물이 조화를 이루는 중국 요리예요.

**재료준비 2인분**

**주재료** 새우(중하 20마리), 달걀(흰자 1개), 녹말가루(6), 고운소금(0.5), 후춧가루(0.2)
**부재료** 불린 당면(1줌), 팽이버섯(½봉지), 부추(10줄기), 붉은고추(½개)
**양념** 다진 마늘(0.5), 국간장(1), 고운소금(0.4)
**국물재료** 물(4컵), 다시마(사방 10cm 1장)

**1** 다진 새우살(중하 20마리=200g)에 달걀(흰자 1개), 녹말가루(6), 고운소금(0.5), 후춧가루(0.2) 넣어 치대면서 반죽하고,

**2** 물(4컵)에 다시마(사방 10cm 1장) 넣어 끓이다가 물이 끓기 시작하면 다시마를 건져내고, 새우완자를 작게 만들어 넣고,

**3** 새우완자가 익어 떠오르면 불린 당면(1줌), 팽이버섯(½봉지), 다진 마늘(0.5), 국간장(1), 고운소금(0.4) 넣고,

**4** 부추(10줄기), 붉은고추(½개) 넣고 마무리.

**어드바이스** 부추가 없으면 실파를 넣어주세요.

**재료준비** 2인분

**주재료** 표고버섯(2개), 미지근한 물(1컵),
물(1컵), 들깨(⅔컵), 불린 쌀(4)
**부재료** 애느타리버섯(3개), 양송이버섯(4개),
붉은고추(½개), 청양고추(1개)
**새우다시마 국물** 물(2컵), 마른 보리새우(¼컵),
다시마(사방 5cm 1장)
**양념** 국간장(1), 고운소금(0.3)

## 진한 감동 버섯 들깨탕

지상 최고의 조미료 들깨를 갈아 감칠맛 나는
국물의 진한 감동을 느껴보세요.

**1** 표고버섯(2개)은 미지근한 물(1컵)에 담가 불린 다음 표고버섯 불린 물(1컵)에 들깨(⅔컵), 불린 쌀(4) 넣어 믹서에 갈고,

**2** 물(2컵)에 다시마(사방 5cm 1장), 마른 보리새우(¼컵) 넣어 5분 정도 끓이다가 다시마는 건져내서 잘라주고,

**3** 불린 표고버섯, 애느타리버섯(3개), 양송이버섯(4개) 넣어 끓이다가 들깨와 쌀을 간 물에 물(1컵)을 더 섞어 고운 체에 걸러 내리고,

> **어드바이스**
> 국물이 끓어 넘치지 않게 약불에서 끓이세요.

**4** 국간장(1), 고운소금(0.3) 넣어 간하고, 붉은고추(½개), 청양고추(1개)와 잘라둔 다시마를 넣고 마무리.

## 대보름 이후 닭개장

무더운 여름 보양식으로도 좋고, 음력 1월 15일 대보름날 여러 가지 나물을 해먹고
재료가 남으면 닭개장을 끓여 알뜰하게 처리할 수 있죠.
닭고기를 이용하면 닭개장이 되고,
소고기(양지머리)를 이용하면 육개장이 되는 거죠.

## 재료준비 2인분

**주재료** 닭고기(½마리=300g), 대파(½대), 양파(½개), 마늘(5쪽), 통후추(5알)

**부재료** 불린 고사리(1줌), 불린 토란대(½줌), 숙주(1줌), 느타리버섯(½줌), 쪽파(5대), 청양고추(1개), 붉은고추(½개), 달걀(1개)

**양념** 물(5컵), 식용유(2), 고춧가루(2), 국간장(2), 맛술(1), 다진 마늘(1), 생강가루(0.3), 고운소금(0.5), 후춧가루(0.2), 참기름(0.5)

1. 불린 고사리(1줌)와 불린 토란대(½줌)는 쌀뜨물에 담가 아린 맛을 빼고,

*어드바이스 - 참고비와 삼나물을 이용해도 좋아요.*

2. 끓는 물(5컵)에 숙주(1줌), 느타리버섯(½줌) 넣어 5분 정도 삶아두고,

*어드바이스 - 숙주가 없으면 콩나물의 머리와 꼬리를 떼어내고 사용해도 돼요.*

3. 숙주와 느타리버섯 삶은 물(5컵)에 닭고기(½마리=300g), 대파(½대), 양파(½개), 마늘(5쪽), 통후추(5알) 넣어 40분 정도 끓이고,

*어드바이스 - 줄어드는 물은 계속 보충하고, 기름과 거품이 생기면 모두 걷어내세요.*

4. 식용유(2) 두른 냄비에 고춧가루(2), 국간장(2), 맛술(1), 다진 마늘(1), 생강가루(0.3) 넣어 볶다가,

## 요리노트

**웰컴울릉**
http://www.welcomeullung.com

울릉도의 특산물을 구입할 수 있는 사이트입니다. 고비, 삼나물, 미역취, 부지갱이, 섬더덕, 명이나물, 돌미역, 참소라, 문어, 오징어 등등 인터넷으로 주문할 수 있답니다.

5. 고사리, 토란대, 숙주, 느타리버섯과 삶은 닭고기살을 넣어 버무리고,

*어드바이스 - 쪽파가 없으면 대파를 넣으세요.*

6. 닭고기 삶은 물(5컵) 넣어 10분 정도 끓인 다음 쪽파(5대), 청양고추(1개), 붉은고추(½개) 넣고, 고운소금(0.5), 후춧가루(0.2), 참기름(0.5) 넣어 간하고, 달걀(1개) 풀어 넣고 마무리.

## 깻잎 향 닭매운탕

닭매운찜과 달리 국물을 좀 더 많이 하는 것이 **닭매운탕이에요.** 닭고기를 이용해서 끓였는데도 깻잎 때문에 얼큰한 생선매운탕 맛이 나는 것이 소주를 불러요. **닭고기 대신 살을 발라낸 오리뼈를 이용해서 끓이면 오리탕이 되지요.**

## 재료준비 2인분

**주재료** 닭고기(½마리), 굵은소금(0.5), 물(5컵)
**부재료** 감자(1개), 양파(½개), 느타리버섯(1줌), 미나리(1줌), 깻잎(6장), 송송 썬 대파(1), 붉은고추(½개), 청양고추(½개)
**데치는 물** 물(3컵)
**양념** 고추장(2), 고춧가루(2), 된장(1), 국간장(1), 맛술(1), 들깨가루(1), 설탕(0.4), 다진 마늘(0.5), 다진 생강(0.3), 후춧가루(0.3), 들기름(0.5)

1  닭고기(½마리)에 굵은소금(0.5) 뿌려 20분 정도 밑간했다가 물(3컵) 부어 10분 정도 끓인 다음 물을 따라 버리고,

2  데친 닭고기에 물(5컵)을 넣어 10분 정도 끓이다가 감자(1개) 넣어 5분 더 끓이고,

**어드바이스** 감자는 깍둑 썰어 물에 담가 전분을 빼고 넣는 것이 좋고, 거품이 생기면 모두 걷어내세요.

3  고추장(2), 고춧가루(2), 된장(1), 국간장(1), 맛술(1), 들깨가루(1), 설탕(0.4), 다진 마늘(0.5), 다진 생강(0.3), 후춧가루(0.3), 들기름(0.5) 넣어 끓이고,

4  양파(½개), 느타리버섯(1줌) 넣어 끓이고,

### 요리노트

**수제비 반죽 만들기**

밀가루(2컵), 물(½컵), 식용유(1), 고운소금(0.5)을 섞어 치대면서 반죽하고, 랩을 씌워 1시간 정도 냉장 보관해서 만들어요. 이렇게 만든 수제비 반죽은 2인분 정도 되는데 밀대로 밀어 칼국수를 만들어도 좋아요. 매운탕에 사용하고 남는 것은 냉동 보관하세요.

5  수제비 반죽을 6조각 뜯어 넣고 1분 정도 끓여 익히고,

6  미나리(1줌), 깻잎(6장), 송송 썬 대파(1), 붉은고추(½개), 청양고추(½개) 올리고 마무리.

소주 땡기는 **조기매운탕**

늘 그렇듯 명절날 집에 다녀오면 조기가 생기죠. 냉동실에 잠재우고 생각날 때 꺼내 요리를 하는데, 냉동 보관했던 조기는 맛술과 생강으로 비린내를 없애야 맛있게 요리할 수 있어요. 생강은 비린내, 누린내, 잡내를 없애는 최고의 향신채라고 할 수 있지요.

### 재료준비 2인분

**주재료** 조기(1마리), 무(2줌=100g), 소고기(잡채용 ¼컵=25g), 양파(½개), 쌀뜨물(3컵)

**조기 밑간** 맛술(1), 굵은소금(0.2), 생강채(1), 후춧가루(0.1), 참기름(0.3)

**부재료** 청양고추(1개), 붉은고추(½개), 대파(5cm 길이 1대), 미나리(1줌), 쑥갓(1줌), 깻잎(3장)

**양념** 고추장(1), 된장(0.5), 고춧가루(1), 국간장(1), 다진 파(1), 다진 마늘(0.5), 다진 생강(0.2), 후춧가루(0.2), 참기름(0.5)

**1** 조기(1마리)는 비늘을 제거하고, 두 토막 낸 다음 내장을 빼내고, 맛술(1), 굵은소금(0.2), 생강채(1), 후춧가루(0.1), 참기름(0.3) 뿌려 밑간해두고,

**2** 고추장(1), 된장(0.5), 고춧가루(1), 국간장(1), 다진 파(1), 다진 마늘(0.5), 다진 생강(0.2), 후춧가루(0.2) 섞어 양념장을 만들고,

**3** 참기름(0.5) 두른 냄비에 무(2줌=100g), 소고기(잡채용 ¼컵=25g)와 양념장을 넣어 버무리면서 약불에서 살짝 볶고,

**어드바이스** 무는 사방 3cm 길이로 썰어주세요.

**4** 쌀뜨물(3컵) 넣어 끓이면서 거품이 생기면 모두 걷어내고,

### 요리노트

#### 수제비 반죽 만들기

밀가루(2컵), 물(½컵), 식용유(1), 고운소금(0.5)을 섞어 치대면서 반죽하고, 랩을 씌워 1시간 정도 냉장 보관해서 만들어요. 이렇게 만든 수제비 반죽은 2인분 정도 되는데 밀대로 밀어 칼국수를 만들어도 좋아요. 매운탕에 사용하고 남는 것은 냉동 보관하세요.

**5** 조기와 양파(½개) 넣어 양파가 익도록 끓이고,

**어드바이스** 애호박, 버섯, 콩나물, 수제비 같은 것들을 넣어주어도 좋아요.

**어드바이스** 미나리, 쑥갓, 깻잎 중에 한 가지만 넣어도 괜찮아요.

**6** 청양고추(1개), 붉은고추(½개), 대파(5cm 길이 1대) 넣고, 미나리(1줌), 쑥갓(1줌), 깻잎(3장) 넣고 마무리.

## 가을 남자는 추어탕

추어탕에는 가늘고 탄력이 있는 영양부추를 넣어 먹으면 좋은데
영양부추는 들기름과 고춧가루를 조금 뿌려 무쳐도 그 자체로 참 맛있어요.
말복에 보양식으로 추어탕을 먹어두면 찬바람이 불어도
안 추워~ 안 추워~

## 재료준비 4인분

**주재료** 미꾸라지(2근=800g=80마리), 얼갈이배추(6포기), 물(20컵)
**부재료** 굵은소금(1줌), 밀가루(½컵), 호박잎(5장), 대파(1대), 마늘(5쪽)
**양념** 된장(3), 고춧가루(3), 고추장(1), 들깨가루(2), 다진 파(2), 다진 마늘(1), 생강가루(0.4), 후춧가루(0.3), 고운소금(0.5)
**향신채** 다진 청양고추, 붉은고추, 영양부추, 산초가루, 방아잎

1 얼갈이배추(6포기)는 끓는 물에 2분 정도 데쳐서 찬물에 헹궈두고,

2 미꾸라지(2근=800g =80마리)에 굵은소금(1줌) 뿌리고 뚜껑을 닫아 기절시킨 다음 밀가루(½컵) 넣어 진과 해감을 말끔히 토하도록 뽀드득 뽀드득 흐르는 물에 씻고,

**어드바이스** 굵은소금을 넣을 때 호박잎을 5장 정도 넣어주면 진이 더 잘 닦여요.

3 물(20컵)에 미꾸라지와 대파(1대), 마늘(5쪽) 넣고 1시간 정도 푹 끓여 물이 절반으로 줄어 10컵 분량이 되게 하고,

4 대파와 마늘은 건져서 버리고, 미꾸라지는 체에 밭쳐 국물에 잠긴 채로 으깨면서 내리고,

**어드바이스** 체에 걸러진 잔뼈와 내장 찌꺼기는 버리세요.

### • 요리노트

### 방아잎(배향초)

경상도 쪽에서는 지짐이나 매운탕에 꼭 방아잎을 넣죠. 요즘은 대형 마트에서도 쉽게 구입할 수 있는데, 그 향이 화장품처럼 매우 강해서 처음에는 거부 반응이 들지만 맛들이면 묘한 중독성이 있지요. 매운탕에 깻잎을 넣듯이 방아잎을 넣어보세요. 새로운 맛을 느낄 수 있답니다. 방아잎은 방아장떡을 만들어 먹어도 좋은데, 방아장 만드는 방법은 102쪽을 참조하세요.

5 국물에 얼갈이배추를 넣고, 다시 끓이면서 된장(3), 고춧가루(3), 고추장(1) 풀어 끓이고,

6 들깨가루(2), 다진 파(2), 다진 마늘(1) 넣고, 생강가루(0.4), 후춧가루(0.3) 뿌리고 마무리

**어드바이스** 모자라는 간은 고운소금(0.5)으로 하고, 취향에 따라 다진 청양고추, 붉은고추, 산초가루, 방아잎, 영양부추를 넣어 드세요.

## 해장으로 우거지갈비탕

냉동실 다이어트도 할 겸 해장도 할 겸 끓인 우거지갈비탕이에요. 우거지는 김장철 배추겉잎을 정리한 파란 배춧잎을 말하는데, 없으면 얼갈이 배추를 사용해도 돼요.

**재료준비** 2인분

**주재료** 소갈비(400g=5쪽), 얼갈이배추(2포기),
　　　　물(7컵)
**부재료** 송송 썬 대파(2)
**데치는 물** 물(5컵), 굵은소금(1)
**양념** 된장(2), 고춧가루(1), 국간장(1),
　　　설탕(0.5), 다진 마늘(0.5),
　　　다진 파(0.5), 다진 생강(0.3),
　　　후춧가루(0.3), 참기름(1), 고운소금(0.3)

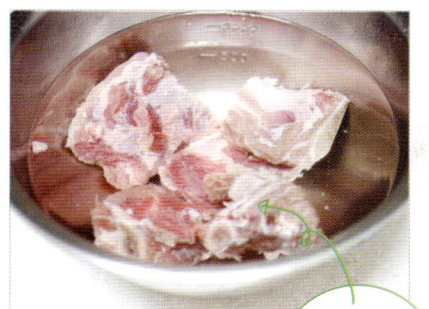

**1** 소갈비(400g=5쪽)는 찬물에 1시간 이상 담가 핏물을 빼고,

*어드바이스* 고기는 소꼬리, 양지머리로 해도 좋아요.

**2** 물(4컵)에 핏물 뺀 소갈비를 넣어 10분 정도 끓인 다음 그 물을 버리고,

**3** 다시 물(7컵)을 부어 30분 정도 끓이는 동안,

*어드바이스* 물이 3컵으로 줄어들게 끓이세요

**4** 끓는 물(5컵)에 굵은소금(1), 얼갈이배추(2포기) 썰어 넣어 5분 정도 데치고,

**5** 찬물에 헹군 얼갈이배추와 삶아 칼집 낸 소갈비에 된장(2), 고춧가루(1), 국간장(1), 설탕(0.5), 다진 마늘(0.5), 다진 파(0.5), 다진 생강(0.3), 후춧가루(0.3), 참기름(1) 넣어 무치고,

**6** 소갈비 끓인 육수(3컵)에 양념한 얼갈이배추와 소갈비를 넣어 끓이다가 송송 썬 대파(2), 고운소금(0.3) 넣고 마무리.

# 02
# 밑반찬

나무에게 밥상2

### 재료준비 4인분

**주재료** 원추리(5줌=200g)
**데치는 물** 물(5컵), 굵은소금(1)
**양념** 된장(1), 고추장(1), 들기름(0.5), 깨(0.5)

## 우울한 봄날 원추리나물

원추리는 근심을 잊게 하는 풀이라고 해서 '망우초' 라고도 불러요.

근심이 많고 우울한 날에는 원추리나물을 무쳐 먹고 다 잊어버리세요.

**1** 끓는 물(5컵)에 굵은소금(1), 원추리(5줌=200g) 넣어 30초 정도 데치고,

**2** 찬물에 헹궈 물기 꼭 짜고,

**3** 된장(1), 고추장(1), 들기름(0.5), 깨(0.5) 넣어 무치고 마무리.

**어드바이스**
원추리나물을 무쳐서 된장찌개 끓일 때 넣어도 좋아요.

## 재료준비 4인분

**주재료** 잔대(5줌=200g)
**데치는 물** 물(5컵), 굵은소금(1)
**양념** 국간장(1), 다진 파(1), 다진 마늘(0.5), 깨(0.5), 참기름(1)

# 산에 들에 잔대나물

봄이면 산에 들에 잔대 싹이 올라오는데 여름엔 보라색 초롱꽃이 예쁘게 피죠. **잔대 싹은 재래시장에서 구입할 수 있는데, 줄기를 그냥 뜯어 먹어도 참 맛이 좋아요.**

**1** 끓는 물(5컵)에 굵은소금(1), 잔대(5줌=200g) 넣어 2분 정도 데치고,

**2** 찬물에 헹궈 물기 꼭 짜고,

**3** 국간장(1), 다진 파(1), 다진 마늘(0.5), 깨(0.5), 참기름(1) 넣어 무치고 마무리.

**어드바이스** 모자라는 간은 고운소금(0.3)으로 하세요.

## 제주의 향기 유채나물

**재료준비** 4인분

주재료 유채나물(1묶음=200g=6줌)
데치는 물 물(5컵), 굵은소금(1)
양념 깨가루(2), 된장(1), 다진 파(1), 다진 마늘(0.5),
고춧가루(0.3), 들기름(1)

제주의 3대 작물 유채.
꽃이 피기 전의 유채잎은 무잎을 닮았지만 맛은 달콤하답니다.
**봄나물로 귀하게 대접받고 있는 유채나물은
유채꽃이 피기 직전의 연한 줄기와 잎을 말해요.**
경상도에서는 '겨울초' 라고도 하고, 서울에서는 '하루나' 라고도 하지요.

**1** 유채나물(1묶음=200g=6줌)을 깨끗이 씻어 먹기 좋게 3등분하고,

**2** 끓는 물(5컵)에 굵은소금(1), 유채나물을 넣어 1분 정도 데치고,

**3** 흐르는 물에 씻어 찬물에 30분 정도 담가 쓴맛을 빼고 나서 물기를 꼭 짜고,

어드바이스
6줌이 1줌 되는 허무한 순간입니다.

**4** 깨가루(2), 된장(1), 다진 파(1), 다진 마늘(0.5), 고춧가루(0.3), 들기름(1) 넣어 무치고 마무리.

봄이면 뒤뜰에 마구 올라오는 달래를 캐서 이런저런 이야기를 나누며 다듬곤 하죠. **김 빠진 맥주에 돼지고기도 삶아 달래무침과 같이 먹으면 느끼하지도 않고 좋아요.**

### 재료준비 4인분

**주재료** 달래(4줌=80g), 양파(½개)
**양념장** 식초(2), 국간장(1), 까나리액젓(1), 설탕(0.5), 고춧가루(0.5), 깨(0.5)

## 봄을 만난 달래무침

**1** 달래는 뿌리 쪽 껍질을 벗겨 손질한 다음,

**2** 달래 뿌리를 칼등으로 쳐서 향을 내고,

**3** 식초(2), 국간장(1), 까나리액젓(1), 설탕(0.5), 고춧가루(0.5), 깨(0.5) 섞어 양념장을 만들고,

**어드바이스** 까나리액젓이 없으면 멸치액젓이나 국간장을 넣어주세요.

**4** 먹기 좋게 썬 달래(4줌=80g)와 양파(½개)에 양념장을 넣어 살살 무치고 마무리.

Part 2 나물이네 밑반찬  53

### 재료준비 6인분

**주재료** 비름나물(6줌=300g)
**데치는 물** 물(10컵), 굵은소금(2)
**양념** 국간장(1), 고운소금(0.3), 다진 파(1), 다진 마늘(0.5), 깨(0.5), 참기름(1)

## 장수하는 비름나물

비름나물을 즐겨 먹으면 장수한다 하여 '장명채(長命菜)' 라고도 하는데, 특히 위와 대장에 좋다고 합니다. 나물로 무쳐 산채비빔밥으로 먹어도 맛나고, 고추장떡(103쪽 참조)에 넣어도 참 좋아요.

**1** 물(10컵)에 굵은소금(2), 비름나물(6줌=300g) 넣어 2분 정도 데치고,

**2** 찬물에 헹궈 물기 꼭 짜고,

**어드바이스** 물기를 짜고 나면 2줌 정도 돼요.

**3** 국간장(1), 고운소금(0.3), 다진 파(1), 다진 마늘(0.5), 깨(0.5), 참기름(1) 넣어 무치고 마무리.

바닷바람을 온몸으로 맞으며 겨우내 자란 방풍나물은 3월이 제철인데, 몸살감기, 목감기, 코감기에 다 좋다고 해요. 황사로 코와 목이 아프신 분들은 많이 드세요. 방풍나물은 이마트 신선 채소 코너에서 찾아보면 있어요.

**재료준비 4인분**

**주재료** 방풍나물(5줌=100g)
**데치는 물** 물(5컵), 굵은소금(1)
**된장소스** 된장(2), 물(2), 설탕(1), 식초(1), 고춧가루(0.5), 국간장(0.5), 다진 마늘(0.3)
**양념** 들기름(0.5), 잣가루(0.5)

## 바람의 아들 방풍나물

**어드바이스**
향이 강한 방풍나물은 살짝 데쳐서 초고추장에 찍어 먹어도 좋고, 아니면 고기 먹을 때 쌈으로 먹어도 맛나요.

**1** 끓는 물(5컵)에 굵은소금(1), 방풍나물(5줌=100g) 넣어 30초 정도 데친 다음 찬물에 헹궈 먹기 좋게 손으로 뜯어 놓고,

**2** 된장(2), 물(2), 설탕(1), 식초(1), 고춧가루(0.5), 국간장(0.5), 다진 마늘(0.3) 섞어 된장소스를 만들고,

**3** 된장소스에 먹기 좋게 뜯은 방풍나물과 들기름(0.5), 잣가루(0.5) 넣어 무치고 마무리.

**어드바이스**
들기름, 잣가루 대신 참기름(0.5), 깨(0.5)를 넣어도 돼요.

## 어린배추 봄동겉절이

겨울 배추를 수확하고, 밭에 남아 있던 배추 뿌리에서 돋아나는 싹으로 속이 차지 않은 어린 배추를 봄동이라고 불러요. 김장김치가 떨어지는 봄에 봄동으로 겉절이를 해먹죠. 봄동은 절이지 않아도 물이 많이 생기지 않지만 오래 보관하고 먹기는 힘들어요.

**재료준비 4인분**

**주재료** 봄동(1포기=200g)
**양념** 고춧가루(2), 식초(2), 멸치액젓(2), 국간장(1), 설탕(1), 물엿(1), 다진 파(1), 다진 마늘(0.5), 생강가루(0.2), 깨(0.5), 참기름(0.5)

**어드바이스** 사과즙을 넣으면 더욱 상큼하죠. 멸치액젓이 없으면 까나리액젓이나 국간장으로 간을 하세요.

**1** 고춧가루(2), 식초(2), 멸치액젓(2), 국간장(1), 설탕(1), 물엿(1), 다진 파(1), 다진 마늘(0.5), 생강가루(0.2) 섞어 양념장을 만들어두고,

**2** 봄동(1포기=200g)은 깨끗이 씻어 먹기 좋게 손으로 뜯어 담고,

**어드바이스** 달래도 뜯어 넣으면 향이 더 좋아요.

**어드바이스** 양념장을 봄동으로 쓸어 넣는 센스!

**3** 만들어둔 양념장을 넣어 버무리고, 깨(0.5), 참기름(0.5) 넣고 마무리.

시금치는 깔끔하게 국간장으로 무치거나 구수하게 된장으로 무쳐도 참 맛있죠. 고추장에 무치면 또 색다른 맛이 나고요.

 4인분

**주재료** 시금치(단 2줌=150g)
**데치는 물** 물(5컵), 굵은소금(1)
**양념장** 고추장(1), 식초(0.5), 설탕(0.5), 다진 파(1), 다진 마늘(0.5), 깨(0.5), 참기름(0.5)

## 뽀빠이 시금치나물

**1** 시금치는 뿌리 쪽 지저분한 것들을 떼어낸 다음 칼집을 한 번 넣고,

**2** 끓는 물(5컵)에 굵은 소금(1), 시금치(단 2줌=150g) 넣어 1분 정도 데치고,

**어드바이스** 뜨거우니까 손은 넣지 마세요.^^

**3** 찬물에 헹궈 물기 꼭 짜고,

**어드바이스** 양념장은 고추장과 식초, 설탕을 빼고, 된장(1) 또는 국간장(1)을 넣어 무쳐도 좋아요.

**4** 데친 시금치에 고추장(1), 식초(0.5), 설탕(0.5), 다진 파(1), 다진 마늘(0.5), 깨(0.5), 참기름(0.5) 섞은 양념장을 넣어 살살 무치고 마무리.

## 고추 먹고 맴맴 고춧잎나물

**재료준비** 6인분
**주재료** 고춧잎(6줌=200g)
**데치는 물** 물(5컵), 굵은소금(1)
**양념** 국간장(1), 다진 파(1), 다진 마늘(0.5), 고춧가루(0.5), 깨(0.5), 참기름(1)

초여름 고추가 열리기 전 윗부분에 자라는 어린잎을 솎아내서 고춧잎나물을 무쳐 먹는데, 바로 데쳐서 무쳐 먹어도 좋고, 데친 고춧잎을 햇볕에 말린 다음 겨울에 무말랭이무침에 넣어도 좋아요. **말린 고춧잎은 물에 2시간 정도 불린 다음 사용하지요.**

**1** 고춧잎(6줌=200g)의 억센 줄기는 잘라버린 다음 깨끗이 씻고,

**2** 끓는 물(5컵)에 굵은소금(1), 고춧잎을 넣어 1분 정도 데치고,

**3** 흐르는 물에 헹궈 찬물에 1시간 정도 담가 쓴맛을 빼고 나서 물기를 꼭 짜고,

**4** 국간장(1), 다진 파(1), 다진 마늘(0.5), 고춧가루(0.5), 깨(0.5), 참기름(1) 넣어 무치고 마무리.

**어드바이스** 모자라는 간은 고운소금(0.3)으로 하세요

## 재료준비 6인분

**주재료** 쑥갓(단 2줌=200g)
**부재료** 붉은고추(1개)
**데치는 물** 물(5컵), 굵은소금(1)
**양념** 국간장(1), 다진 파(1), 다진 마늘(0.5), 깨(0.5), 들기름(2)

# 한방에 쑥갓나물

찌개나 무침을 할 때 쑥갓 한 단을 사오면
나머지를 처리하기가 힘들죠.
**이때 남은 쑥갓을 한방에 처리하는 방법이에요.
쑥갓은 위를 보호하고 장을 튼튼하게 해준답니다.**

**1** 쑥갓(단 2줌=200g)은 깨끗이 씻어 먹기 좋게 3등분하고,

**2** 끓는 물(5컵)에 굵은소금(1) 넣고, 쑥갓은 줄기부터 넣어 3분 정도 삶다가 잎 부분도 넣어 10초 정도 더 데치고,

**3** 찬물에 헹궈 물기 꼭 짜고,

**4** 붉은고추(1개), 국간장(1), 다진 파(1), 다진 마늘(0.5), 깨(0.5), 들기름(2) 넣어 무치고 마무리.

**어드바이스**
두부를 으깨서 같이 버무려 먹어도 좋고, 모자라는 간은 고운소금(0.3)으로 하세요.

Part 2 나물이네 밑반찬

파처럼 생겼는데 파도 아닌 것이 신기해서 물어보니 풋마늘(마늘잎)이라더군요. 처음 보는 것이 있으면 언제나 호기심이 발동해요. **아줌마~~ 이거 어떻게 해서 먹어요? ㅋㅋ**

**재료준비** 9인분

**주재료** 풋마늘(5대)
**양념장** 고추장(2), 고운 고춧가루(4), 굵은소금(1), 설탕(1), 물엿(1), 식초(1), 깨(1)

## 풋풋한 풋마늘 무침

**1** 풋마늘(5대)은 흐르는 물에 잎 사이 사이 흙을 잘 씻어내고,

**2** 통이 큰 것은 반으로 갈라 먹기 좋은 크기로 잘라두고,

*어드바이스* 풋마늘이 너무 매우면 살짝 데치고, 찬물에 씻어 사용해도 돼요.

**3** 고추장(2), 고운 고춧가루(4), 굵은소금(1), 설탕(1), 물엿(1), 식초(1), 깨(1) 섞어 양념장을 만들고,

**4** 잘라놓은 풋마늘을 넣어 무치고 마무리.

*어드바이스* 오징어를 살짝 데쳐서 같이 무쳐도 맛있어요.

마늘종은 마늘의 꽃줄기인데, **마늘 꽃이 피기 전에 따서 볶음이나 무침, 장아찌로 요리해 먹어요.** 마늘종무침은 마늘종을 볶거나 삭히는 수고스러움 없이 빠르게 해먹을 수 있는 방법이죠.

**재료준비 4인분**

**주재료** 마늘종(3줌=100g)
**데치는 물** 물(5컵), 굵은소금(0.5)
**양념장** 고추장(2), 식초(1.5), 설탕(1), 다진 파(0.5), 다진 마늘(0.5), 깨(0.5), 참기름(0.5)

## 후다닥 마늘종무침

**1** 마늘종(3줌=100g)을 3cm 길이로 자르고,

**2** 끓는 물(5컵)에 굵은소금(0.5), 마늘종을 넣어 2분 정도 데친 다음 찬물에 헹궈 물기 빼고,

**어드바이스**
마늘종은 한 번 데치면 매운맛도 빠지고, 무치고 나서 나중에 물도 덜 나와요.

**3** 고추장(2), 식초(1.5), 설탕(1), 다진 파(0.5), 다진 마늘(0.5), 깨(0.5), 참기름(0.5) 섞은 양념장에 물기 뺀 마늘종을 넣어 버무리고 마무리.

자장면을 시키면 따라오는 단무지에 조금만 신경 써주면 차원이 다른 밑반찬으로 변신할 수 있어요.

사람이나 음식이나 관심과 애정을 가지면 달라지나봐요. 그렇다고 너무 애정을 쏟아 부어서 고춧가루 범벅을 만들지는 마세요.

**재료준비** 4인분

**주재료** 단무지(1줌)
**양념** 고운 고춧가루(0.5), 다진 파(0.5), 다진 마늘(0.3), 참기름(0.5), 깨(0.3)

## 무지 쉬운 단무지무침

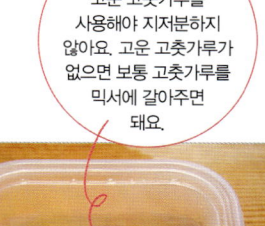

어드바이스
고운 고춧가루를 사용해야 지저분하지 않아요. 고운 고춧가루가 없으면 보통 고춧가루를 믹서에 갈아주면 돼요.

**1** 단무지(1줌)를 물에 살짝 씻어 물기 빼고,

**2** 고운 고춧가루(0.5), 다진 파(0.5), 다진 마늘(0.3), 참기름(0.5), 깨(0.3) 넣어 무치고 마무리.

**재료준비** 4인분

**주재료** 노각(½개), 굵은소금(1)
**양념** 고춧가루(1), 고추장(1), 설탕(1), 식초(1.5), 깨(0.5), 참기름(0.5)

## 노익장 노각나물

7~8월에 노익장을 과시하는 늙은 오이를 '노각'이라고 하는데, 밥에 비벼 먹으면 아삭아삭 씹히는 맛이 참 좋아요.
**노각이 없으면 수박 껍질(흰 부분)로 해도 괜찮아요.**

**1** 노각(½개)은 껍질을 깎은 다음 씨를 긁어내고,

**2** 채 친 노각에 굵은소금(1) 뿌려 30분 정도 절인 다음 물기를 꼭 짜고,

**어드바이스** 물을 덜 짜면 나중에 물이 많이 생겨서 좋지 않아요.

**3** 고춧가루(1) 뿌려 물들이고,

**4** 고추장(1), 설탕(1), 식초(1.5), 깨(0.5), 참기름(0.5) 넣어 무치고 마무리.

쪽파나물이 생소하시죠? 하지만 파강회를 생각해보면 조리법이 이해가 될 거예요. **여기에 김을 넣고, 나물무침 양념으로 살살 무친 것인데 파강회처럼 초고추장을 찍어 먹어도 되고,** 그냥 밥반찬으로 먹어도 새롭죠.

**재료준비 4인분**

**주재료** 쪽파 또는 실파(단 1줌), 김(1줌)
**데치는 물** 물(5컵), 굵은소금(1)
**양념** 멸치액젓(1), 다진 마늘(0.3), 참기름(0.5), 깨(0.5)

### 김 부스러기 쪽파나물

**1** 김은 위생 비닐봉지에 넣어 부수고,

**2** 끓는 물(5컵)에 굵은소금(1), 쪽파(단 1줌) 넣어 2분 정도 삶고,

**3** 찬물에 헹궈 물기 꼭 짜서 손가락 두 마디 길이로 자르고,

**4** 부순 김(1줌), 멸치액젓(1), 다진 마늘(0.3), 참기름(0.5), 깨(0.5) 넣어 무치고 마무리.

**어드바이스** 멸치액젓 대신에 까나리액젓이나 국간장을 사용해도 좋아요.

**주재료** 무채(3줌)
**양념** 물(6), 고춧가루(1.5), 식초(5), 설탕(3), 굵은소금(0.7)

## 팍팍 무초나물

삼겹살 먹을 때 간단하게 만들어 곁들여 먹으면 깔끔하고 소화도 잘 되죠. 고춧가루 대신 고추냉이(0.5)를 넣으면 연녹색으로 물들게 할 수 있어요.

1 물(6), 고춧가루(1.5), 식초(5), 설탕(3), 굵은소금(0.7) 섞고,

2 고운 체에 걸러 무채(3줌)에 넣어 냉장고에서 하룻밤 익히고 마무리.

## 대보름에 취한 미역취나물

산나물 특유의 향이 한약 냄새 같기도 한 취나물은 대보름에 오곡밥을 넣어 쌈을 싸먹는 풍습이 있죠.

미역취는 참취라고 하는 취나물과 비슷한데, 미역취로 국을 끓이면 잎이 퍼져 미역국 같다고 해서 미역취라고 한다죠. 말린 취나물은 물에 불려서 무쳐 먹으면 좋아요.

## 재료준비 4인분

**주재료** 말린 미역취(2줌=40g),
다진 소고기(¼컵=25g)
**데치는 물** 물(6컵), 굵은소금(1)
**소고기 양념** 국간장(0.3), 설탕(0.2),
다진 파(0.3), 다진 마늘(0.2)
**양념** 식용유(1), 국간장(2.5), 다진 파(1),
다진 마늘(0.5), 쌀뜨물(½컵),
녹말물(물 3 + 녹말가루 1), 깨(0.5), 들기름(1)

쌀뜨물은 쌀을 씻어 첫 번째 물은 재빨리 버리고,
세 번째 쌀을 씻어낸 물이에요.

1 물(6컵)에 굵은소금(1), 말린 미역취(2줌=40g) 넣어 10분 정도 삶고, 미지근한 물에 담가 2시간 정도 우린 다음 먹기 좋은 크기로 썰고,

2 다진 소고기(¼컵=25g)에 국간장(0.3), 설탕(0.2), 다진 파(0.3), 다진 마늘(0.2) 넣어 조물조물 무치고,

3 식용유(1) 두른 팬에 양념한 소고기를 넣어 중불로 볶다가,

4 불린 미역취(4줌)도 넣어 볶은 다음 국간장(2.5), 다진 파(1), 다진 마늘(0.5) 넣어 양념하고,

### 요리노트

**울릉도 산나물**

참고비, 삼나물, 부지갱이, 미역취는 웰컴울릉(welcomeullung.com)에서 구입할 수 있어요.

5 쌀뜨물(½컵) 붓고 뚜껑 덮어 중불에서 5분 정도 끓이고,

6 녹말물(물 3 + 녹말가루 1) 넣어 윤기 나게 한 다음 깨(0.5), 들기름(1) 넣고 마무리.

**어드바이스**
녹말물을 넣고, 국물에 잘 섞이게 저으면서 끓이세요.

## 대보름 호박고지나물

정월 대보름이면 말린 나물을 물에 불려서 무쳐 먹죠. 시중에서 판매하는 호박고지는
색도 그렇고, 맛도 좀 떨어지는데 식품 건조기를 이용해서 말린 나물은 참 맛있어요.
여름에 애호박이 저렴할 때 많이 구입해서 말려두면 일 년 내내 먹을 수 있지요.

• 요리 노트

### 식품 건조기

주방용품 중에 식품 건조기가 있으면 날씨에 상관없이 식재료들을 위생적으로 건조시킬 수가 있어요.
제품 정보는 http://lequip.co.kr에 접속하시면 자세히 알 수 있답니다.

1 호박, 표고버섯, 바나나, 무, 기타 등등 값이 쌀 때 구입해서 건조기에 올려요.

2 1~2시간 작동하면

3 위생적으로 건조가 되죠.

4 지퍼백에 담아놓으면 든든해요. 진공 포장을 하면 더욱 좋고요.

### 재료준비 4인분

**주재료** 말린 호박(1컵=2줌), 식용유(1)
**양념** 국간장(1), 다진 파(1), 다진 마늘(0.5), 물(⅓컵), 후춧가루(0.2), 깨(0.5), 참기름(0.5)

1 말린 호박(1컵=2줌)은 찬물에 3시간 정도 불려서 물기 꼭 짜고,

2 국간장(1), 다진 파(1), 다진 마늘(0.5) 넣어 무치고,

3 식용유(1) 두른 팬에 볶다가,

4 물(⅓컵) 붓고 뚜껑 덮어 약불로 끓이고,

5 후춧가루(0.2), 깨(0.5), 참기름(0.5) 넣고 마무리.

# 울릉도 부지갱이나물

웰컴울릉에서 울릉도 산나물들을 협찬해주셔서 맛을 보았는데,
담백하면서도 감칠맛이 나는 것이 밥도둑이 따로 없더라고요.
덕분에 정월 대보름 상차림이 아주 풍성해졌답니다.
울릉도 특산물인 부지갱이나물을 대보름날 꼭 드셔보세요.

## 재료준비 4인분

**주재료** 말린 부지갱이(2줌=40g), 국멸치(14마리)
**데치는 물** 물(6컵), 굵은소금(1)
**양념** 식용유(2), 다진 마늘(0.5), 된장(1.5),
 고추장(0.5), 쌀뜨물(⅔컵), 깨(0.5),
 들기름(0.5)

쌀뜨물은 쌀을 씻어 첫 번째 물은 재빨리 버리고,
세 번째 쌀을 씻어낸 물이에요.

1 물(6컵)에 굵은소금(1), 말린 부지갱이(2줌=40g) 넣어 10분 정도 삶고, 찬물에 담가 2시간 정도 우린 다음 먹기 좋은 크기로 썰고,

2 국멸치(14마리)는 머리 떼어낸 다음 반으로 갈라 내장도 제거하고, 마른 팬에 넣어 살짝 볶다가,

3 식용유(2) 두르고, 다진 마늘(0.5) 넣어 볶아 향을 내고,

4 삶은 부지갱이(4줌) 넣어 볶다가 된장(1.5), 고추장(0.5) 넣어 양념하고,

**어드바이스**
삶은 부지갱이는 물기 짜지 말고 그대로 건져 넣어주세요.

### 요리노트

**울릉도 산나물**

참고비, 삼나물, 부지갱이, 미역취는 웰컴울릉(welcomeullung.com)에서 구입할 수 있어요.

5 쌀뜨물(⅔컵) 붓고 뚜껑 덮어 중불에서 4분 정도 끓이고,

6 뚜껑 열어 국물이 자작하게 수분을 날린 다음 깨(0.5), 들기름(0.5) 넣고 마무리.

## 고기나물 삼나물 초무침

울릉도 산나물 중 하나인 삼나물은
인삼잎이랑 비슷하고, 모양이 두릅과도 비슷해서
새콤달콤 초무침으로 해먹었죠.

식감이 꼭 고기를 씹는 것 같더군요.

### 재료준비 4인분

**주재료** 말린 삼나물(2줌=50g)
**삶는 물** 물(7컵), 굵은소금(1)
**양념장** 고추장(2), 국간장(1), 설탕(1.5), 양파즙(1), 다진 파(1), 다진 마늘(0.5), 깨(1), 참기름(0.5), 식초(2)

### 요리노트

울릉도 산나물

참고비, 삼나물, 부지갱이, 미역취는 웰컴울릉(welcomeullung.com)에서 구입할 수 있어요.

**1** 물(7컵)에 굵은소금(1), 말린 삼나물(2줌=50g) 넣어 20분 정도 삶고, 미지근한 물에 담가 하루 정도 우린 다음 먹기 좋은 크기로 찢고,

**2** 불린 삼나물(4줌)에 고추장(2), 국간장(1), 설탕(1.5), 양파즙(1), 다진 파(1), 다진 마늘(0.5), 깨(1), 참기름(0.5) 넣어 조물조물 무치고,

**3** 먹기 전에 식초(2) 넣고 마무리.

**어드바이스**
식초를 넣지 않고 육개장이나 닭개장에 넣어 끓여도 좋아요

이른 봄에 산과 들에서 흔히 자라는 씀바귀는
쓴맛이 있지만 뿌리와 어린순을 나물로 무쳐 먹고
성숙한 것은 진정제로 쓰이죠.
**성인병 예방과 항암 효과가 있고,
봄에 씀바귀를 먹으면 여름에 더위를
타지 않는다는 말도 있어요.**

 **재료준비 4인분**

**주재료** 씀바귀(3줌)
**양념장** 고추장(3), 설탕(1), 식초(1), 다진 파(1),
다진 마늘(0.5), 깨(0.5)

## 쌉싸래한 씀바귀무침

**1** 씀바귀(3줌)는 잘 씻어 먹기 좋은 길이로 잘라 끓는 물에 살짝 데치고,

**2** 찬물에 하룻밤 담가두어 쓴맛을 빼고,

**3** 고추장(3), 설탕(1), 식초(1), 다진 파(1), 다진 마늘(0.5), 깨(0.5) 섞어 양념장을 만들고,

**4** 양념장에 쓴맛을 뺀 씀바귀를 넣어 무치고 마무리.

**어드바이스** 소금에 절인 오이나 달래를 같이 무치면 더 좋아요.

**재료준비** 4인분

**주재료** 취청오이(30cm 길이 1개), 굵은소금(0.5)
**양념** 식초(1.5), 설탕(1), 고춧가루(1), 다진 마늘(0.5), 깨(0.5)

← 백오이    취청오이 →

## 상큼 발랄하게 오이초무침

오이 한 개로 밑반찬을 만들어봤어요.
오이 썰다가 입으로 들어가고, 얼굴에 붙이고 별짓을 다합니다요.

**1** 취청오이(30cm 길이 1개)는 2mm 두께로 썰어 굵은소금(0.5) 뿌려 30분 정도 절이고,

**2** 물에 살짝 헹궈 물기를 꽉~ 짜고,

**3** 식초(1.5), 설탕(1), 고춧가루(1), 다진 마늘(0.5), 깨(0.5) 넣어 무치고 마무리.

**어드바이스**
취향에 따라 고춧가루는 0.5만 넣어도 좋고, 무치고 나서 3시간 정도 뒤에 먹으면 맛이 좋아요.

**재료준비 4인분**

**주재료** 취청오이(30cm 길이 1개), 굵은소금(0.5)
**양념** 식용유(1), 다진 파(0.5), 다진 마늘(0.3), 깨(0.5), 참기름(0.5)

## 깔끔 떠는 오이나물

순수하게 채소 본연의 맛을 살려주는 깔끔한 오이나물은 보리밥에 강된장(93쪽 참조) 넣고 비벼 먹으면 맛나죠.

**1** 취청오이(30cm 길이 1개)는 2mm 두께로 썰어 굵은소금(0.5) 뿌려 30분 정도 절이고, 물에 살짝 헹궈 물기를 꽉~ 짜고,

**2** 식용유(1) 두른 팬에 다진 파(0.5), 다진 마늘(0.3) 넣어 볶다가,

**3** 절인 오이를 넣어 살짝 볶은 다음 불 끄고 깨(0.5), 참기름(0.5) 넣고 마무리.

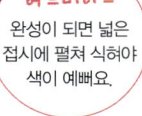

**어드바이스** 완성이 되면 넓은 접시에 펼쳐 식혀야 색이 예뻐요.

Part 2 나물이네 밑반찬

겨울에 언 땅을 대충 갈아엎어 심은 배추를 얼갈이배추라고 해요. 얼갈이배추가 한 단에 천원도 안 할 때 잔뜩 구입해서 데친 다음에 한 번 먹을 분량씩 냉동 보관해두면 두고두고 먹을거리가 되죠. 얼갈이배추나물을 하는 날에는 꽁보리밥이라도 지어 고추장, 들기름 넣어 슥슥 비벼 먹으면 아삭아삭 즐겁게 한 끼가 해결되지요.

**재료준비** 6인분

**주재료** 얼갈이배추(6포기)
**데치는 물** 물(10컵), 굵은소금(2)
**양념** 된장(3), 다진 파(2), 다진 마늘(1), 고춧가루(0.5), 들기름(1)

## 아삭아삭 얼갈이배추나물

**1** 끓는 물(10컵)에 굵은소금(2)을 넣은 다음 얼갈이배추(6포기)의 뿌리 부분부터 넣어 2분 정도 익히다가 잎 부분도 마저 넣어 1분 정도 데치고,

**2** 찬물에 헹궈 물기를 꼭 짠 다음 먹기 좋게 3등분하고,

**3** 된장(3), 다진 파(2), 다진 마늘(1), 고춧가루(0.5), 들기름(1) 넣어 무치고 마무리.

**재료준비 6인분**

**주재료** 얼갈이배추(10포기=400g)
**양념** 생수(2리터=1PT병), 배(大 1개), 마늘(15쪽), 마른 고추(10개), 양파(½개), 굵은소금(½컵), 대파(½대)

## 국물이 보약 얼갈이 물김치

물김치를 만들 때 설탕이나 뉴슈가보다는 **배를 넣어주면 자연스럽고 향기로운 단맛이 정말 좋아요.** 주재료만 다른 것(나박 무, 돌나물 등등)으로 바꾸면 그대로 다른 물김치가 됩니다.

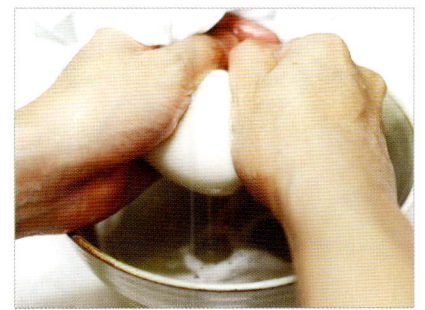

**1** 배(大 1개)를 갈아서 면보에 담아 즙을 내리고,

**2** 믹서에 마늘(15쪽), 마른고추(10개), 양파(½개), 배즙을 넣어 갈고,

*어드바이스* 마른고추가 없으면 붉은 고추(10개)를 이용해도 좋고, 아니면 고춧가루(4)를 넣어도 돼요.

**3** 얼갈이배추(10포기=400g)에 생수(2리터=1PT병) 부어주고, 간 고춧물을 면보에 담아 즙을 내리고,

*어드바이스* 얼갈이배추와 열무를 반반 섞어 만들면 열무물김치가 돼요.

**4** 굵은소금(½컵), 대파(½대) 넣고, 실온에 하룻밤 두었다가 냉장 보관하고 마무리.

*어드바이스* 배의 단맛이 덜하면 설탕(1) 또는 뉴슈가(0.2)를 넣어주세요.

## 쓴맛 빼고 고들빼기김치

**재료준비** 3컵 분량

- **주재료** 고들빼기(1단=400g), 쪽파(20뿌리)
- **소금물** 물(5컵) + 굵은소금(1컵)
- **양념** 고춧가루(8), 까나리액젓(4), 다진 새우젓(2), 굵은소금(1), 설탕(2), 다진 마늘(2), 다진 생강(0.5)
- **찹쌀풀** 물(2컵)에 찹쌀가루(3)를 섞고, 저으면서 끓인 다음 차게 식혀서 만들어요.

고들빼기는 국화과에 속하는 2년생 초본식물인데 쓴맛이 특징이에요. 4월경에 어린잎을 채취해 데쳐서 나물로 무쳐 먹기도 하지만 **제 맛은 역시 초가을에 나오는 것으로 김치를 담가 먹는 것이 제격이죠.**

**어드바이스** 뿌리가 큰 것은 칼집을 1~2번 넣어주세요.

**1** 고들빼기(1단=400g)는 검은 잎은 떼어내고, 뿌리 쪽을 칼로 긁어 손질하면서 잔뿌리를 제거한 다음 깨끗이 씻고,

**2** 소금물을 고들빼기에 부어 1~2일 동안 쓴맛을 뺀 다음, 물에 여러 번 씻어 물기 꼭 짜서 먹기 좋게 3등분하고, 쪽파(20뿌리)도 3등분하고,

**3** 찹쌀풀에 고춧가루(8), 까나리액젓(4), 다진 새우젓(2), 굵은소금(1), 설탕(2), 다진 마늘(2), 다진 생강(0.5) 섞어 양념장을 만든 다음,

**4** 양념장에 고들빼기와 쪽파를 넣어 버무리고, 실온에서 하루 정도 익힌 다음 냉장 보관하고 마무리.

**어드바이스** 냉장 보관하고 일주일 정도 익힌 다음 먹어요.

김치는 원재료와 액젓 맛이라고 할 수 있죠. **멸치액젓은 '3년숙성 멸치액젓'으로 했는데** 시중에 나온 멸치액젓과는 비교가 안 되게 맛나요. 멸치액젓을 구입하고 싶은 분들은 http://singsinghe.co.kr에서 구입하세요.

### 재료준비 3컵 분량

**주재료** 부추(1단=500g)
**밀가루풀** 물(1컵), 밀가루(1)
**양념** 고춧가루(½컵), 멸치액젓(½컵), 설탕(2), 다진 마늘(1), 깨(1)

→ 예가 철유 사각접시

## 힘을 부추기는 부추김치

1 물(1컵)에 밀가루(1) 섞은 다음 저으면서 끓여 밀가루풀을 만들어 식히고,

2 부추(1단=500g)는 뿌리 쪽을 다듬으면서 흐르는 물에 씻어 먹기 좋게 4등분하고,

어드바이스
설탕과 마늘은 취향에 따라 안 넣어도 상관없어요.

3 식은 밀가루풀에 고춧가루(½컵), 멸치액젓(½컵), 설탕(2), 다진 마늘(1), 깨(1) 섞어 양념장을 만들어 고춧가루가 불도록 잠시 두었다가,

어드바이스
양파, 붉은고추, 풋고추를 넣어도 좋아요.

4 부추 넣어 살살 버무리고, 밀폐용기에 담아 실온에서 하루 정도 익힌 다음 냉장 보관하고 마무리.

## 선물 같은 풋고추김치

맵지 않은 향긋한 맛이 마치 기대하지 않은 선물을 받은 듯한 느낌을 주는
**풋고추김치는 더운 여름날 만들어 먹으면
시원하고 깔끔하니 좋아요.**

### 재료준비 6인분

**주재료** 풋고추(15개)
**부재료** 무(가는 채 1컵), 부추(⅓컵), 양파(⅓개)
**소금물** 물(4컵), 굵은소금(1.5)
**양념** 고춧가루(1.5), 굵은소금(1.5), 설탕(1.5),
　　　 다진 마늘(0.5), 생강가루(0.2)
**김치 국물** 물(1컵) + 굵은소금(0.5) + 설탕(0.5)

1 풋고추(15개)는 손가락으로 문질러 씨가 떨어지게 한 다음 가운데 칼집 내어 씨를 털어내고,

2 물(4컵)에 굵은소금(1.5) 녹인 소금물에 풋고추를 넣어 1시간 정도 절이고,

**어드바이스**
굵은소금 대신 액젓으로 간을 해도 좋고, 소는 간이 짠 듯해야 나중에 맛이 좋아요.

3 무(가는 채 1컵), 부추(⅓컵), 양파(⅓개), 고춧가루(1.5), 굵은소금(1.5), 설탕(1.5), 다진 마늘(0.5), 생강가루(0.2) 섞어 소를 만들어 절인 풋고추에 채우고,

**어드바이스**
냉장 보관한 다음에는 일주일 이내에 드세요.

4 밀폐용기에 담아 **김치 국물**을 부어주고, 실온에서 6시간 정도 익힌 다음 냉장 보관하고 마무리.

**재료준비** 120장 분량

**주재료** 깻잎(120장)
**양념장** 고춧가루(⅓컵), 멸치액젓(⅓컵), 송송 썬 쪽파(5줄기), 채 썬 당근(2), 양파즙(4), 설탕(1), 물엿(1), 다진 마늘(1), 생강가루(0.3), 깨(2)

## 향긋한 깻잎김치

간장으로 담그면 깻잎장아찌가 되고, 액젓을 사용하면 깻잎김치가 되지요.
**따뜻한 밥에 향긋한 깻잎김치 한 장 올리고,
흐뭇한 미소 한 번 지어보세요.**

**1** 깻잎(120장)은 흐르는 물에 깨끗이 씻어 물기 털어내고,

*어드바이스*
배즙을 넣어도 좋고, 당근 대신 밤을 채 썰어 넣어도 좋아요.

**2** 고춧가루(⅓컵), 멸치액젓(⅓컵), 송송 썬 쪽파(5줄기), 채 썬 당근(2), 양파즙(4), 설탕(1), 물엿(1), 다진 마늘(1), 생강가루(0.3), 깨(2) 섞어 양념장을 만들고,

**3** 깻잎 4장 깔고 양념장(0.4)을 바르는 식으로 밀폐용기에 담고 나서 실온에서 하루 정도 익힌 다음 냉장 보관하고 마무리.

# 아그작작 오이소박이

소박이나 오이지용 오이는 백오이를 사용해야 오래 두고 먹을 수 있는데,
먹어봐서 향이 좋고, 단맛이 나는 것을 구입해야 해요.
굵고 쓴맛이 나는 오이는 소박이용으로 적당치 않아요.

백오이 / 취청오이

## 재료준비 15인분

**주재료** 백오이(23cm 길이 10개), 굵은소금(½컵), 부추(12줌=단 3줌=230g)
**소금물** 물(10컵), 굵은소금(1컵)
**양념** 고춧가루(8), 멸치액젓(5), 다진 새우젓(3), 설탕(3), 다진 마늘(3)

> **어드바이스**
> 길이가 짧은 백오이를 이용해서 김치를 담가야 오래 두고 먹을 수 있어요.

**1** 백오이(23cm 길이 10개)에 굵은소금(½컵) 뿌려 문지른 다음 물에 씻고,

**2** 길이로 3등분해서 칼집을 +자로 넣고,

## 요리노트

### 오이지 만들기

오이지는 오이가 싸고, 좋을 때 구입해서 한 번 만들어두면 일 년 내내 두고두고 먹을 수 있어요.

**1** 백오이(10개)에 굵은소금(½컵) 뿌려 문지른 다음 물에 씻고,

**2** 물(12컵)에 굵은소금(1컵) 넣어 끓인 물을 뜨거울 때 부어주고, 무거운 것을 올려 오이가 뜨지 않게 눌러 실온 보관하고,

**3** 다음날 소금물만 따라내서 25분 정도 끓인 다음 식혀 다시 담아 실온 보관하고, 다음날 또 소금물만 따라내서 10분 정도 끓인 다음 식혀 다시 담아 실온에서 일주일 정도 익힌 다음 냉장 보관하고 마무리.
참숯 한 덩어리를 같이 넣어주면 소독 효과가 있어 좋아요.

> **어드바이스**
> 뜨거운 소금물에 절여야 아삭한 소박이가 돼요.

**3** 물(10컵), 굵은소금(1컵)을 끓인 뜨거운 소금물을 오이에 부어 40분 정도 절인 다음 물에 살짝 헹궈 물기를 닦아내고,

**4** 고춧가루(8), 멸치액젓(5), 다진 새우젓(3), 설탕(3), 다진 마늘(3) 섞어 불리고,

**5** 송송 썬 부추(12줌=단 3줌=230g) 넣어 살살 버무려 소를 만들고,

**6** 절인 오이에 소를 넣고, 밀폐용기에 담아 실온에 하룻밤 두었다가 냉장 보관하고 마무리.

## 장마철 양배추김치

**재료준비** 9인분

**주재료** 양배추(½통), 오이(1개)
**양념** 고운 고춧가루(2), 굵은 고춧가루(4),
다진 새우젓(4), 까나리액젓(2), 다진 마늘(2),
생강가루(0.4), 실파 또는 부추(1줌),
설탕(2), 깨(1)

카라 얼라운드 (22cm)

배추 값이 비싸지는 장마철 한때 맛보는
별미 김치. 양배추김치에는 새우젓이 잘 어울려요.

1 양배추(½통)는 먹기 좋게 손으로 뜯어 넣고, 오이(1개)도 썰어 넣고,

아~ 심하게 까불렀습니당. ㅡ,.ㅡ

2 믹서에 갈아 곱게 만든 고춧가루(2) 뿌려 까부르고,

3 굵은 고춧가루(4), 다진 새우젓(4), 까나리액젓(2), 다진 마늘(2), 생강가루(0.4), 실파 또는 부추(1줌) 넣어 버무리고,

**어드바이스**
뉴슈가가 있으면
설탕(1)을 빼고,
뉴슈가(0.2)를 넣어주세요.
냉장 보관하고 나서
일주일 후에 맛이
들어요.

4 설탕(2), 깨(1) 뿌려 버무리고, 실온에서 8시간 정도 익힌 다음 냉장 보관하고 마무리.

이마트에서 구입한 Fido 밀폐용기(3리터)

**재료준비** 양파 13개 분량

**주재료** 양파(소 13개), 청양고추(10개)
**양념** 양조간장(4컵), 생수(3컵),
현미식초(1과 ½컵), 청주(½컵), 설탕(½컵)

## 아삭 개운한 양파장아찌

**5월에 햇양파가 나올 때 만들어두고,
고기 먹을 때 같이 먹으면 아삭하면서 개운하죠.**

양파장아찌를 만들어 실온에서 10일 정도 보관한 후
몇 달을 두고두고 드시면 됩니다.

**1** 양파(소 13개)와 청양고추(10개)를 밀폐 유리병(3리터)에 담아놓고,

**2** 양조간장(4컵), 생수(3컵), 현미식초(1과 ½컵), 청주(½컵), 설탕(½컵) 넣어 중불로 끓이고,

**어드바이스** 양조간장은 '샘표 프리미엄 501S'를 사용했는데, 없으면 진간장을 이용해도 상관없어요.

**3** 뜨거울 때 밀폐 유리병에 붓고, 무거운 것을 올려 뜨지 않게 눌러 하룻동안 실온에서 보관했다가,

**4** 간장물만 따라내서 다시 끓인 다음 식혀서 밀폐 유리병에 담고 마무리.

**어드바이스** 간장물은 중불에서 15분 정도 끓이는데 이때 간장이 끓어 넘치지 않게 주의하세요.

## 밥도둑 묵은지찌짐

### 재료준비 4인분

**주재료** 묵은지(½포기), 돼지고기(목살 ½근=300g)
**양념** 맛술(1), 들기름(1)
**육수** 물(2컵), 사골 국물(1컵), 김치 국물(1컵), 다시마(사방 10cm 1장), 국멸치(6마리), 마른 새우(3마리), 감초(5조각)

### 요리노트

**사골 국물 만들기**

1. 사골(잡뼈 600g)은 찬물에 2시간 담가 핏물을 빼고, 물에 5분 정도 삶아 건져내고,

2. 들통에 데친 사골과 대파(1대), 마늘(6쪽), 생강(1톨), 무(1중), 통후추(10알) 넣고, 재료가 푹 잠길 만큼 찬물을 부어 강불에서 끓이다가 약불로 줄여 물이 반으로 줄도록 끓이고,

3. 이렇게 끓여놓은 1차 사골 국물을 다른 그릇에 옮기고, 들통에 다시 하나 가득 찬물을 잡아 위의 사골 넣고, 물의 양이 반보다 더 졸도록 끓여서 2차 국물을 내고,

4. 한 번 더 물을 잡아 위의 사골을 넣고, 3차 사골 국물을 끓여서 1~3차 사골 국물을 섞어주고 마무리.

*위와 같은 방법이 번거롭다면 2번 과정 이후에 물이 줄어든 만큼 물을 더 부어서 끓이고, 물이 줄어들면 또 물을 부어 끓이기를 10시간 정도 하세요. 이것도 귀찮으시면 마트에서 화학조미료가 첨가되지 않은 냉동 사골 육수를 구입하시면 됩니다.

**어드바이스** 사골 국물이 없으면 물(1컵)을 더 넣고, 감초가 없다면 양파(½개)를 넣어주세요.

**1** 물(2컵), 사골 국물(1컵), 김치 국물(1컵)에 다시마(사방 10cm 1장), 국멸치(6마리), 마른 새우(3마리), 감초(5조각) 넣어 15분 정도 끓이다 건져내고,

**2** 묵은지(½포기)를 냄비에 담아 돼지고기(목살 ½근=300g)를 겹겹이 끼우고 맛술(1), 들기름(1) 넣고,

**3** 만들어둔 육수를 부어 강불에서 10분 정도 끓이다가 약불로 줄여 40분 정도 끓이고 마무리.

**어드바이스** 1번 과정에서 끓이던 감초도 넣어 같이 끓이세요.

## 재료준비 2인분

**주재료** 양파(½개), 가지(中 1개)
**부재료** 청양고추(1개), 붉은고추(½개)
**양념** 식용유(1.5), 진간장(2), 맛술(1), 물(1), 설탕(0.5), 다진 파(1), 다진 마늘(0.5), 후춧가루(0.1), 깨(0.5), 참기름(0.5)

# 불고기 양념 가지볶음

여름철 가지가 저렴할 때 불고기 양념으로 맛나게 볶아보세요. 소고기를 넣어도 좋지만 고기가 안 들어가도, 가지를 싫어하는 사람도 잘 먹는 밑반찬이 됩니다.

**1** 진간장(2), 맛술(1), 물(1), 설탕(0.5), 다진 파(1), 다진 마늘(0.5), 후춧가루(0.1), 깨(0.5), 참기름(0.5) 섞어 양념장을 만들고,

**2** 식용유(1.5) 두른 팬에 양파(½개), 가지(中 1개), 청양고추(1개), 붉은고추(½개) 순으로 넣어 볶다가,

*어드바이스* 고춧가루(0.3)를 넣어도 좋아요.

**3** 만들어둔 양념장을 넣어 중불로 졸이고 마무리.

*어드바이스* 꼭 중불로 줄여 숨이 죽도록 천천히 볶아주세요.

Part 2 나물이네 밑반찬

## 깔끔이 감자볶음

**재료준비 4인분**
- **주재료** 감자(1개), 채 썬 당근(½줌)
- **부재료** 양파(¼개=1줌), 풋고추(1개)
- **소금물** 물(2컵) + 굵은소금(0.5)
- **양념** 식용유(2), 물(2), 고운소금(0.4), 후춧가루(0.1), 깨(0.4), 참기름(0.3)

카라 업데이트 피기접시

가늘고 얇게 칼질을 할 수 있어야 음식이 깔끔하고, 먹기도 좋은 요리를 할 수 있지요. 항상 칼을 잘 갈아 사용하고,
**다년간 칼질을 해보세요. 언젠가는 됩니다.
저도 4년 전에는 도끼질이었거든요.**

2002년도 도끼질

**어드바이스**
감자를 볶다가 물을 넣어주면 타지도 않고 속까지 잘 익어요.

**1** 감자(1개)는 가늘게 채 썰어 **소금물**에 5분 정도 담가 전분 빼고, 물에 여러 번 씻어 물기도 빼고,

**2** 식용유(2) 두른 팬에 감자와 채 썬 당근(½줌) 넣어 강불에서 볶다가,

**3** 물(2), 양파(¼개=1줌) 넣어 중불로 볶아 익히고, 풋고추(1개), 고운소금(0.4), 후춧가루(0.1), 깨(0.4), 참기름(0.3) 넣고 마무리.

### 재료준비 4인분

**주재료** 감자(中 2개)
**소금물** 물(2컵) + 굵은소금(0.5)
**양념** 식용유(1), 물(½컵), 진간장(2), 설탕(1),
물엿(0.5), 후춧가루(0.2), 깨(0.5),
참기름(0.5)

## 도시락에 감자조림

콩자반, 멸치볶음과 함께 **도시락의 단골 친구죠.**

**어드바이스**
소금물에 담그면
전분도 빠지고, 조림을 할
때 감자가 부서지는 것도
막을 수 있어요.

**1** 감자(中 2개)는 사방 1.5cm 정도로 작게 깍둑 썰어 **소금물**에 10분 정도 담갔다가 여러 번 헹구고,

**2** 식용유(1) 두른 팬에 감자를 넣어 강불에서 3분 정도 뒤적이며 볶다가,

**어드바이스**
중간에 팬을 흔들어
감자를 한 번
뒤집어주세요.

**3** 물(½컵), 진간장(2), 설탕(1), 물엿(0.5) 넣고 뚜껑 덮어 중불에서 8~10분 정도 졸이면서 익히고,

**4** 뚜껑 열어 완전히 졸인 다음 후춧가루(0.2), 깨(0.5), 참기름(0.5) 뿌리고 마무리.

*카라아브라 카다브라 볼*

## 쪼글쪼글 알감자조림

여름이면 햇감자가 좋아서 감자 요리를 많이 해먹죠. 그중에서도 알감자 크기가 **메추리알 1.5배만 한 것을 튀긴 다음 졸이면 쪼글쪼글 모양도 예쁘고**, 먹기도 좋아서 도시락 반찬으로도 인기가 좋아요.

### 재료준비 4인분

**주재료** 알감자(15개=400g), 식용유(1컵)
**양념** 물(1컵), 마늘(4쪽), 진간장(6), 맛술(2), 설탕(2), 다시마(사방 5cm 1장), 물엿(2), 참기름(1)

**1** 알감자(15개=400g)에 싹이 있으면 필러로 파내고, 수세미에 문지르면서 씻어 물기를 닦고,

**2** 식용유(1컵)를 강불로 1분 정도 가열하고, 알감자를 넣어 3분 정도 튀긴 다음 고운 체에 밭쳐 기름기를 빼고,

*어드바이스* 구멍 낸 포일을 이용해서 속 뚜껑으로 덮어주면 좋아요.

**3** 냄비에 물(1컵), 마늘(4쪽), 진간장(6), 맛술(2), 설탕(2), 다시마(사방 5cm 1장) 넣어 끓이다가 물이 끓으면 다시마는 건져내고, 튀긴 알감자를 넣어 중불로 줄여 졸이고,

**4** 큰 거품이 나면서 국물이 조금 남게 졸여지면 물엿(2), 참기름(1) 넣고 마무리.

**재료준비** 4인분

**주재료** 고구마(中 2개=400g), 식용유(1컵)
**양념** 진간장(5), 물(5), 맛술(2), 설탕(2),
물엿(2), 깨(0.5), 참기름(1)

## 스위트 고구마조림

**달콤하고 짭짤한 별미 반찬이죠.** 2번 과정까지 하고,
식용유와 설탕을 1:4 비율로 끓인 시럽에 버무리면
간식으로 좋은 맛탕이 되지요.

**1** 고구마(中 2개=400g)는 깍둑 썰어 찬물에 30분 정도 담가 녹말을 뺀 다음 물기 닦아내고,

**어드바이스**
고구마조림에는 검은깨(흑임자)가 잘 어울려요.

**2** 식용유(1컵)를 강불로 1분 정도 가열하고, 고구마(6줌)를 넣어 3분 정도 튀긴 다음 고운 체에 밭쳐 기름기를 빼고,

**3** 진간장(5), 물(5), 맛술(2), 설탕(2), 물엿(2) 섞어 끓이다가 튀긴 고구마를 넣고 중불로 줄여 졸이고,

**4** 국물이 거의 없어지도록 졸여지면 깨(0.5), 참기름(1) 넣고 마무리.

식당에서 반찬으로 나온 애호박조림을 먹어보고 재현했지요. **별거 없어 보이지만 요게 밥 한 그릇 더 먹게 만든다니까요.**

재료준비 4인분

**주재료** 애호박(1개), 양파(½개)
**양념 1** 굵은소금(0.3), 식용유(1), 물(1컵)
**양념 2** 새우젓(1), 다진 파(1), 다진 마늘(0.5), 고춧가루(0.5), 후춧가루(0.3), 깨(0.5), 참기름(0.5)

## 밥 줘~ 호박조림

**1** 애호박(1개)은 길이로 4등분하고 씨를 살짝 저며낸 다음, 8등분해서 썰어주고,

**2** 굵은소금(0.3) 뿌려 20분 정도 밑간한 다음 키친타월로 물기를 닦아내고,

**3** 식용유(1) 두른 팬에 애호박, 양파(½개) 넣어 볶다가 물(1컵) 넣어 중불에서 졸이고,

**4** 물이 자작하게 졸아들면 새우젓(1), 다진 파(1), 다진 마늘(0.5), 고춧가루(0.5), 후춧가루(0.3), 깨(0.5), 참기름(0.5) 넣고 마무리.

한여름 호박잎쌈을 한 입 물면 입 안 가득 물이 생기면서 목이 메이지도 않고, **더운 여름 짜증도 확~ 날아가죠.** 애호박도 같이 쪄서 강된장과 함께 먹으면 좋아요.

### 재료준비 2인분

**주재료** 호박잎(20장), 애호박(½개)
**강된장(쌈장)** 된장(3) + 다진 소고기(3) + 다진 붉은고추(1개) + 다진 청양고추(1개) + 다진 마늘(1) + 생강가루(0.2) + 참기름(1) + 깨(0.5) + 물(½컵)

## 아~ 호박잎쌈

**1** 호박잎(20장)은 줄기를 꺾어서 잡아 당겨 섬유질을 벗겨내고,

**2** 흐르는 물에 깨끗이 씻은 다음 찬물에 30분 정도 담가 쓴맛을 빼고,

**3** 호박잎과 애호박(½개)을 김이 오른 찜통에 넣어 15분 정도 찌고,

> **어드바이스**
> 근대잎, 머위잎, 쌈취도 같은 방법으로 만들어 먹으면 돼요.

강된장

**4** 작은 뚝배기에 **강된장** 재료를 넣고 자박자박 끓여 호박잎과 같이 내고 마무리.

> **어드바이스**
> 소고기는 불고깃감으로 다져 넣으면 좋고, 고기가 싫으면 오징어나 우렁이, 표고버섯과 두부를 다져 넣어도 좋아요. 수박 껍질 흰 부분을 다져 넣어도 식감이 참 좋지요.

### 재료준비 4인분

**주재료** 콩나물(3줌), 오이(⅓개), 맛살(2개)
**삶는 물** 물(3컵), 굵은소금(0.5)
**겨자장** 연겨자(1), 식초(1), 설탕(1), 진간장(0.5), 고운소금(0.5), 파인애플 국물(5), 땅콩버터(0.4), 참기름(0.3)

## 해파리 친구 콩나물냉채

**잔칫날 나오는 해파리냉채와 비슷한 콩나물냉채예요.**
콩나물 대신 해파리를 끓는 물에 5초 정도만 데쳐서 찬물에 담가
짠맛을 우려내고 사용해도 좋아요.

**1** 콩나물(3줌)은 머리와 꼬리를 떼어 내고, 물(3컵)에 굵은소금(0.5) 넣은 다음 콩나물도 넣어 5분 정도 삶고,

**2** 삶은 콩나물은 찬물에 헹구고,

**어드바이스** 파인애플 국물은 통조림에 있는 국물을 사용하거나 파인애플을 갈아 즙을 내어 사용하세요.

**3** 분량대로 재료를 섞어 **겨자장**을 만들고,

**4** 삶은 콩나물과 돌려깎기해서 채 썬 오이(⅓개), 맛살(2개) 담은 볼에 **겨자장**을 부어 고루 섞고 마무리.

**재료준비** 4인분

**주재료** 콩나물(4줌=200g), 채 썬 양파(1줌)
**양념** 물(1컵), 진간장(4), 맛술(2), 물엿(2)

## 아삭아삭 콩나물 장조림

차례상이나 제사상에 올렸던 콩나물로 장조림을 만든 데서 유래한 경상도 음식이에요. **콩나물무침이 지겨울 때 만들어 냉장 보관하고 먹으면 아삭아삭 맛나요.**

**어드바이스** 멸치를 좀 넣어주어도 좋고, 고춧가루를 좀 뿌려도 좋아요.

**1** 머리와 꼬리를 떼어낸 콩나물(4줌 =200g), 채 썬 양파(1줌), 물(1컵), 진간장(4), 맛술(2) 넣고 강불에서 10분 정도 졸이고,

**2** 물엿(2) 넣고 약불에서 5분 정도 졸이고 마무리.

**어드바이스** 콩나물을 끓일 때 처음부터 뚜껑을 열고 끓이면 비린내가 안 나요.

Part 2 나물이네 밑반찬

## 쫄깃쫄깃 곤약버섯장조림

곤약과 새송이버섯이 서로 자기가 더 쫄깃하다고 아주 난리가 났네요. **곤약은 저칼로리 식품으로 여자분들에게 인기가 좋죠.** 유통 기한도 10개월 정도 되니까 한 번 구입해두면 상할 염려 없이 두고두고 요리해 먹을 수 있어요.

### 재료준비 4인분

**주재료** 곤약(1팩=250g=2줌), 새송이버섯(3개)
**부재료** 꽈리고추(1줌), 마늘(5쪽)
**양념** 물(2컵), 다시마(사방 10cm 1장),
진간장(6), 설탕(2), 맛술(2), 물엿(1),
깨(0.5), 참기름(0.5)

1 꽈리고추(1줌)는 꼬치로 한 번씩 찔러주고, 새송이버섯(3개)은 먹기 좋게 썰어놓고, 곤약(1팩=250g=2줌)은 가운데 칼집을 넣고,

2 곤약 끝을 칼집 사이로 끼우고,

3 돌려 빼서 곤약 모양을 예쁘게 만들고,

**어드바이스**
곤약은 끓는 물에 식초를 조금 넣고, 2~3분 정도 데쳐서 사용하면 냄새가 안 나요.

4 물(2컵)에 다시마(사방 10cm 1장), 진간장(6), 설탕(2), 맛술(2) 넣어 강불에서 5분 정도 끓이다가 다시마는 건져내고,

5 곤약, 새송이버섯, 마늘(5쪽) 넣어 강불에서 5분 더 끓이고, 중불로 줄여서 졸이다가 꽈리고추도 넣고,

6 자작하게 졸아들면 물엿(1), 깨(0.5), 참기름(0.5) 넣고 마무리.

### 요리노트

**곤약**

곤약은 구약나물이라는 식물로 만들어지는데 구약나물의 줄기는 땅속에 있고, 그 형태가 감자와 비슷하여 구약감자라고도 불러요. 구약감자는 그 자체로는 구워 먹지도 삶아 먹을 수도 없기 때문에 슈퍼나 채소가게에서는 팔지 않아요.
이 구약감자를 가루 내어 수산화칼슘을 섞어 끓여서 만든 식품이 곤약이지요. 칼로리가 낮은 반면 포만감을 주어 다이어트를 원하는 여성에게 인기가 좋답니다.
곤약 구입처 : http://salpeja.com
(살빼자닷컴)

레몬간장 **두부숙회**

살짝 데쳐서 먹는 것을 숙회라고 하죠. 신선한 레몬이 있을 때 만들어 먹으면 기분도 상쾌해지고, 속도 편안하답니다.

**재료준비 2인분**

**주재료** 두부(½모=230g)
**레몬간장** 진간장(5), 레몬즙(½개=3), 다진 파(3), 물엿(2), 고춧가루(0.5), 깨(1), 참기름(1)

### 요리노트

**레몬즙**

레몬즙은 생레몬의 과즙을 짜는 것이 상큼하고 맛있는데 없으면 시판 레몬즙을 사용해도 상관없어요. 하지만 맛은 생레몬이 훨씬 좋아요.

**1** 진간장(5), 레몬즙(½개=3), 다진 파(3), 물엿(2), 고춧가루(0.5), 깨(1), 참기름(1) 섞어 레몬간장을 만들고,

**어드바이스** 시판 레몬즙을 이용하려면 2숟가락만 넣어주세요.

**2** 끓는 물에 두부(½모=230g) 넣어 5분 정도 삶아내서 썰어 담고,

**3** 삶은 두부에 레몬간장을 듬뿍 올리고 마무리.

**재료준비** 2인분

**주재료** 두부(½모=230g), 굵은소금(0.3), 식용유(2)
**양념장** 진간장(4), 물(4), 설탕(1.5), 다진 파(1),
다진 마늘(1), 참기름(1), 후춧가루(0.3)

## 매일 반찬 두부조림

입맛은 몸 상태에 따라 몸에 좋은 것을 찾나봐요.
예전엔 두부를 즐겨 먹지 않았는데
요즘은 두부 없이는 못 살겠어요.

**1** 단단한 두부(½모=230g)는 키친타월에 올려 굵은소금(0.3) 뿌려서 물기 빼고,

**2** 식용유(2) 두른 팬에 튀기듯이 노릇하게 앞뒤로 지지고,

**어드바이스** 지지고 남은 식용유는 키친타월로 닦아내세요.

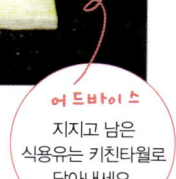

**어드바이스** 취향에 따라 고춧가루(1)를 넣어도 좋아요.

**3** 진간장(4), 물(4), 설탕(1.5), 다진 파(1), 다진 마늘(1), 참기름(1), 후춧가루(0.3) 섞은 양념장을 부어 중불에서 졸이고 마무리.

Part 2 나물이네 밑반찬

## 일거양득 비지전

### 재료준비 3~4인분

**주재료** 비지(1컵), 식용유(3), 들기름(1)
**부재료** 다진 양파(3), 다진 부추 또는 깻잎(3), 붉은고추(1개), 청양고추(1개), 표고버섯(1개), 달걀(1개), 부침가루(3), 고운소금(0.3)

여름이면 콩국을 많이 만들어 차게 해서 국수 말아 먹으면 좋죠. **콩국 만들 때 생긴 비지는 비지전으로 재탄생시켜요. 버릴 게 없다니까요.** 두부 전문점에서 비지를 공짜로 얻어와 지져 먹어도 좋지요. 술안주나 밥반찬으로 좋은데 싱거우면 양념간장을 찍어 드세요.

**1** 불린 메주콩을 5분 정도 삶아 껍질을 벗긴 다음 메주콩과 생수를 1 : 1 비율로 섞어 믹서에 갈고,

**2** 체에 밭쳐 콩국을 거르고, 남은 비지 (1컵) 준비하고,

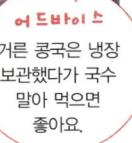

**어드바이스** 거른 콩국은 냉장 보관했다가 국수 말아 먹으면 좋아요.

**어드바이스** 돼지고기 또는 새우, 조갯살을 다져 넣으면 더욱 좋아요.

**3** 비지에 다진 양파(3), 부추 또는 깻잎(3), 붉은고추(1개), 청양고추(1개), 표고버섯(1개), 달걀(1개), 부침가루(3), 고운소금(0.3) 넣어 반죽하고,

**4** 식용유(3)와 들기름(1) 두른 팬에 반죽을 한 숟가락씩 떠 넣어 앞뒤로 지지고 마무리.

부드러운 두부를 지져 향긋한 달래장에 찍어먹는 맛이라고나 할까요. **달래가 나오는 봄, 가을에 건강식으로 참 좋아요.**

### 재료준비 2인분

**주재료** 불린 검은콩(1컵), 물(1컵), 식용유
**부재료** 부침가루(⅓컵), 다진 양파(3), 송송 썬 달래(1줌), 고운소금(0.5), 후춧가루(0.2)
**초간장** 진간장(2) + 식초(2) + 설탕(0.5)

## 두부맛 검은콩지짐이

**어드바이스**
검은콩(½컵)에 찬물을 부어 3시간 정도 불리면 1컵이 되고, 끓는 물에 5분 정도 삶아서 갈면 날콩 냄새가 나지 않아요.

**1** 믹서에 불린 검은콩(1컵)과 물(1컵) 넣어 곱게 갈고,

**2** 간 검은콩에 부침가루(⅓컵), 다진 양파(3), 송송 썬 달래(1줌), 고운소금(0.5), 후춧가루(0.2) 넣어 반죽하고,

**어드바이스**
달래가 없으면 실파를 송송 썰어 넣어 주세요.

**3** 식용유를 넉넉히 두른 팬에 반죽을 한 숟가락씩 떠 넣어 앞뒤로 지지고, **초간장**을 곁들여 내고 마무리.

Part 2 나물이네 밑반찬

경상도의 향기 **방아장떡**

추어탕, 장어탕, 매운탕, 서대미역국, 된장국에 넣어 먹는 방아잎은 달걀말이 할 때 넣어도 좋고, 삼겹살 먹을 때 쌈에 넣어 먹으면 고기 냄새도 안 나고 좋아요. 처음 먹을 때는 독특한 향 때문에 못 먹겠다가도 한 번 맛들이면 단맛이 돌면서 두고두고 생각나는 향신 채소예요.

 재료준비 2인분

**주재료** 방아잎(½줌), 부추(1줌), 청양고추(1개), 식용유
**반죽** 물(⅔컵), 고추장(2), 밀가루(1컵), 고운소금(0.5)

1 물(⅔컵)에 고추장(2) 넣어 풀고,

*어드바이스* 고추장(1), 된장(1)을 풀어 간을 해도 좋아요.

2 밀가루(1컵), 고운소금(0.5)을 넣어 섞고,

3 부추(1줌), 방아잎(½줌), 청양고추(1개) 썰어 넣고,

*어드바이스* 방아잎은 여름에 이마트에서 구입했어요.

4 식용유(2) 두른 팬에 반죽을 한 숟가락씩 떠 넣어 앞뒤로 지지고 마무리.

소박해 보이는 장떡으로 장마를 즐겨요.
**매운 청양고추와 깻잎이 눅눅한
기분을 상쾌하게 해주거든요.**

**재료준비** 2인분=지름 10cm 2장

**주재료** 붉은고추(½개), 청양고추(1개), 마늘(1쪽), 깻잎(5장), 식용유
**반죽** 물(⅔컵), 고추장(2), 밀가루(1컵), 고운소금(0.5)

## 고추 넣고 고추장떡

**1** 물(⅔컵)에 고추장(2) 넣어 풀고,

**어드바이스** 고추장(1), 된장(1)을 풀어 간을 해도 좋아요.

**2** 밀가루(1컵), 고운소금(0.5)을 넣어 섞고,

**3** 붉은고추(½개), 청양고추(1개), 마늘(1쪽)은 다져 넣고, 깻잎(5장)은 썰어 넣고,

**4** 식용유(2) 두른 팬에 반죽을 절반 덜어 앞뒤로 지지고 마무리.

## 꼬들꼬들 팽이버섯볶음

팽이버섯은 한 봉지에 3백~4백원으로 저렴하죠.
시들시들 냉장고에서 자고 있는 팽이버섯을 꼬들꼬들
볶음으로 구원해주세요.

**재료준비 2인분**

**주재료** 팽이버섯(2줌), 쪽파(2줌), 소고기(잡채용 1줌)
**소고기 양념** 맛술(1), 고운소금(0.3),
  참기름(0.3), 후춧가루(0.2)
**양념** 식용유(1), 굴소스(1),
  참기름(0.5), 후춧가루(0.2)
**녹말물** 물(4) + 녹말가루(2)

**1** 소고기(잡채용 1줌)는 **소고기 양념**을 넣어 밑간하고,

**2** 식용유(1) 두른 팬에 밑간한 소고기를 볶다가,

**3** 팽이버섯(2줌), 쪽파(2줌) 넣어 강불에 볶고, 굴소스(1) 넣어 간 하고,

*어드바이스* 쪽파 대신 피망이나 호부추를 이용해도 좋아요.

**4** **녹말물**을 넣어 윤기 나게 하고, 참기름(0.5), 후춧가루(0.2) 뿌리고 마무리.

잘각잘각 씹히는 소리가 즐거워요.
**팽이버섯은 콜레스테롤도 낮춰주고, 항바이러스 효과도 있다고 하니까** 입도 즐겁고, 몸도 즐거워지네요.

### 재료준비 2인분

**주재료** 팽이버섯(1봉지), 밀가루(1), 식용유
**달걀물** 달걀(1개), 다진 당근(1), 깻잎(2장), 고운소금(0.3)
**초간장** 진간장(2) + 식초(2) + 설탕(0.5)

## 잘각잘각 팽이버섯전

**1** 팽이버섯(1봉지)에 밀가루(1)를 솔솔 뿌리고,

**2** 달걀(1개), 다진 당근(1), 채 썬 깻잎(2장), 고운소금(0.3) 섞어 달걀물을 만들고,

**어드바이스**
붉은고추, 청양고추, 양파를 다져 넣어도 좋아요.

**4** 팽이버섯에 달걀물을 살짝 묻힌 다음 식용유(2) 두른 팬에 앞뒤로 지지고, **초간장**을 곁들여 내고 마무리.

## 봄비와 호박부침개

**재료준비** 小 6장=2인분

**주재료** 애호박(½개), 식용유
**부재료** 양파(⅛개), 청양고추(½개), 붉은고추(½개)
**반죽** 밀가루(½컵), 물(½컵), 달걀(노른자 1개), 고운소금(0.6)

비 오는 날 밖에 나가기도 싫고, 기름진 것은 먹고 싶을 때
간단하게 애호박으로만 부침개를 만들어 먹어도
적적함을 달랠 수 있지요.

**어드바이스** 채칼을 이용해서 최대한 가늘게 채 쳐야 부침 모양이 예뻐요.

**1** 밀가루(½컵), 물(½컵), 달걀(노른자 1개), 고운소금(0.6) 넣어 풀고,

**2** 애호박(½개)은 가늘게 채 썰어 넣고, 양파(⅛개), 청양고추(½개), 붉은고추(½개)는 다져 넣고,

**3** 식용유(2) 두른 팬에 반죽을 한 숟가락씩 떠 넣어 얇게 앞뒤로 지지고 마무리.

**왜 식당 반찬에는 미역줄기볶음이 꼭 나올까?** 아마도 가격이 저렴해서 그런 게 아닐까 생각되지만 가격과 건강이 비례하지는 않는 것 같아요.

  4인분

**주재료** 미역줄기(2줌=150g), 양파(½개)
**양념** 들기름(1), 고추기름(1), 다진 마늘(1), 국간장(1), 고운소금(0.3), 설탕(0.3), 후춧가루(0.2), 깨(0.5), 참기름(0.5)

**1** 염장 미역줄기(2줌=150g)는 물에 6시간 정도 담가 짠맛을 뺀 다음 여러 번 씻어 먹기 좋은 길이(7cm)로 썰고,

*어드바이스* 염장 미역줄기 2줌을 물에 담가두면 나중에 3줌 정도로 불어요.

## 식당 반찬 미역줄기볶음

**2** 들기름(1)과 고추기름(1) 두른 팬에 다진 마늘(1) 넣어 볶아 향을 내고,

**3** 양파(½개)와 미역줄기를 넣어 숨이 죽도록 볶다가,

**4** 국간장(1), 고운소금(0.3), 설탕(0.3), 후춧가루(0.2), 깨(0.5), 참기름(0.5) 넣고 마무리.

*어드바이스* 냉장 보관하고 차게 해서 먹으면 좋아요.

### 재료준비 9인분

**주재료** 까시리(4줌=200g)
**양념** 국간장(2), 까나리액젓(2), 설탕(2), 물엿(1), 2배식초(2), 고춧가루(0.5), 다진 마늘(0.5), 참기름(1), 깨(0.5)

예가 철유 원형 찬기

# 까시리 해초무침

매화 축제가 한창이던 봄에 경남 하동을 여행하던 중 까시리를 보게 되었죠.
**해초를 김처럼 말려서 파는데 여행 기념으로 구입했던 것을 무쳐 먹어봤어요.**

**어드바이스**
까시리가 없으면 비빔밥용 해초들을 이용해도 좋아요.

**1** 경남에서는 해초를 김처럼 말려서 파는데 까시리라고 하죠. 우뭇가사리의 방언이 아닐까 생각되네요.

**2** 까시리(4줌=200g)를 물에 씻어 물기 꼭 짜고,

**3** 국간장(2), 까나리액젓(2), 설탕(2), 물엿(1), 2배식초(2), 고춧가루(0.5), 다진 마늘(0.5), 참기름(1), 깨(0.5) 넣어 무치고 마무리.

## 재료준비 4인분

**주재료** 톳나물(2줌), 무채(1줌)
**양념** 국간장(2), 까나리액젓(2), 고춧가루(1), 설탕(1), 식초(1), 다진 파(1), 다진 마늘(0.5), 참기름(0.5), 깨(0.5), 후춧가루(0.2)
**소금물** 물(5컵) + 굵은소금(3)

### 건강이 톡톡 톳나물 무침

바다의 나물인 톳은 칼슘, 요오드, 철 등의 무기염류가 많이 들어 있어 동맥경화를 막고, 치아를 건강하게 하고, 머리털이 윤택해지며 임신부인 경우 태아의 뼈를 튼튼하게 해주는 등 해초류 중에 으뜸이라고 할 수 있어요.

**1** 먹기 좋은 길이로 썬 톳나물(2줌)을 끓는 **소금물**에 살짝 데치고,

**2** 여러 번 씻어 체에 밭쳐 물기를 빼두고,

**3 양념** 재료를 분량대로 섞어 양념장을 만들어 고춧가루가 좀 불도록 두었다가,

**어드바이스**
으깬 두부, 미나리, 데친 바지락 살을 같이 넣어 버무려도 좋아요.

**4** 데친 톳나물과 무채(1줌)에 양념장을 부어 무치고 마무리.

## 뚝배기 달걀탕

**재료준비** 2인분

**주재료** 달걀(2개), 물(1컵)
**부재료** 송송 썬 실파(1)
**양념** 까나리액젓(1), 맛술(1)

식당에서 흔하게 나오는 달걀탕을 집에서 하려면 은근히 어렵죠.
간단한 재료와 확실한 레시피로 꼭 성공해보세요.
**보글보글 달걀탕을 밥에 스적스적 비벼 먹는 맛은
매일 먹어도 질리지 않지요.**

**1** 지름 12cm 뚝배기에 달걀(2개), 물(1컵), 까나리액젓(1), 맛술(1) 넣어 휘젓고,

*어드바이스* 물은 다시마 우린 물을 사용하면 더욱 좋고, 까나리액젓이 없으면 국간장, 새우젓, 명란젓 같은 것으로 해도 좋아요.

**2** 중불에서 5분 정도 끓이다가 숟가락으로 휘젓고,

*어드바이스* 절대 강불에서 끓이지 말고, 중간에 휘저어 주어야 바닥이 타지 않고, 공기가 들어가서 폭신폭신해져요.

**3** 약불로 줄여 5분 더 끓이다가 송송 썬 실파(1) 넣고 마무리.

일명 알찜이라고 하는 달걀찜이에요. **명란젓은 http://dkfnb.co.kr에서 협찬받아서 만들어 먹었는데** 너무 짜지 않으면서 맛이 좋았어요.

### 재료준비 2인분

**주재료** 달걀(2개), 명란젓(1쪽), 물(1컵)
**양념** 맛술(1), 다진 파(1), 고춧가루(0.2), 깨(0.2)

## 명란젓 달걀찜

**1** 명란젓(1쪽)은 알만 발라내서 그릇에 담고,

**2** 달걀(2개)을 체에 내려준 다음 물(1컵), 맛술(1) 넣어 잘 섞고,

**3** 김이 오른 찜통에 올려 뚜껑 덮어 10분 정도 찌다가,

**4** 알이 위아래 고루 섞이도록 저어주고, 다진 파(1), 고춧가루(0.2), 깨(0.2) 올린 다음 10분 정도 더 찌고 마무리.

차례를 지내고 음복(飮福)을 하고 나면 꼭 동그랑땡을 하나 집어 먹곤 해요. **비 오는 날 동그랑땡에 소주 일잔하는 것도 기분 좋은 일이죠.** 들어가는 재료는 돼지고기 이외에도 민어, 도미, 광어, 뱅어, 명태, 대구 등등 흰 살 생선을 갈아 넣어도 좋지요.

### 재료준비 12개 분량=2인분

**주재료** 으깬 두부(50g=⅓컵), 간 돼지고기(1줌=100g), 다진 양파(⅓개=60g), 다진 당근(1), 다진 파(2), 다진 마늘(1), 달걀(노른자 1개), 밀가루(4), 맛술(2), 국간장(1), 설탕(0.4), 고운소금(0.3), 생강가루(0.3), 후춧가루(0.3), 식용유

## 차례상에 동그랑땡

카라 큐물러스 타블레트

**1** 두부(50g=⅓컵)는 칼등으로 으깨서 키친타월로 물기를 빼고,

**2** 으깬 두부에 간 돼지고기(1줌), 다진 양파(⅓개), 다진 당근(1), 다진 파(2), 다진 마늘(1), 달걀(노른자 1개), 밀가루(4), 맛술(2), 국간장(1), 설탕(0.4), 고운소금(0.3), 생강가루(0.3), 후춧가루(0.3) 섞어 반죽하고,

**3** 식용유를 넉넉히 두른 팬에 반죽을 한 숟가락씩 떠 넣어 모양 잡아가며 앞뒤로 지지고 마무리.

**어드바이스** 밀가루와 달걀물을 묻힌 다음 지져도 좋아요.

엄청 간단하지만 겁나게 맛있는 참치전입니다.
**신김치를 송송 썰어 넣어도 좋고,
두부를 으깨서 넣어도 맛있어요.**
카레가루(0.5)도 조금 넣으면 둘이 먹다 하나
죽어도 몰라요.

### 재료준비 12개 분량=2인분

**주재료** 참치 캔(1컵=150g), 식용유
**부재료** 달걀(1개), 스위트콘(3), 다진 양파(1줌), 다진 당근(½줌),
청양고추(1개), 다진 마늘(0.5), 녹말가루(⅓컵),
고운소금(0.3), 후춧가루(0.3)
**양념초간장** 진간장(2) + 고춧가루(1) + 식초(1)
+ 다진 마늘(0.5) + 설탕(0.3) + 깨(0.3)

## 비오는 날 참치전

**1** 참치 캔은 사진과 같이 뚜껑을 눌러 기름을 쪽 빼고,

**어드바이스**
녹말가루는 슈퍼에서 밀가루 파는 코너를 보면 있어요. 감자 전분가루라고도 하죠.

**2** 참치 캔(1컵=150g), 달걀(1개), 스위트콘(3), 다진 양파(1줌), 다진 당근(½줌), 청양고추(1개), 다진 마늘(0.5), 녹말가루(⅓컵), 고운소금(0.3), 후춧가루(0.3) 섞어 반죽하고,

**어드바이스**
지질 때 숟가락으로 토닥토닥 해주면 얌전한 모양을 낼 수 있어요.

**3** 식용유를 넉넉히 두른 팬에 반죽을 한 숟가락씩 떠 넣어 앞뒤로 지지고, **양념초간장**을 곁들여 내고 마무리.

Part 2 나물이네 밑반찬 113

## 셀러리 향 돼지고기 볶음

돼지가 셀러리를 만났을 때 돼지는 향기로워지지요.
**셀러리는 마트에서 쌈 채소 살 때 작은 사이즈로 먹을 만큼만 구입하면 좋아요.**
셀러리가 없다면 피망이라도 넣어주세요.
그리고 꽃빵이랑 같이 먹어도 맛나요.

### 재료준비 2인분

**주재료** 돼지고기(등심 잡채용 1줌=100g), 양파(½줌), 셀러리(½줌)
**밑간 양념** 맛술(1), 다진 파(1), 다진 마늘(0.5), 고운소금(0.3), 생강가루(0.2), 후춧가루(0.2), 녹말가루(1)
**양념** 고추기름(1), 맛술(2), 두반장(1), 진간장(0.5), 설탕(0.5), 물(4), 참기름(0.5)

**1** 돼지고기(등심 잡채용 1줌=100g)에 맛술(1), 다진 파(1), 다진 마늘(0.5), 고운소금(0.3), 생강가루(0.2), 후춧가루(0.2), 녹말가루(1) 넣어 조물조물 무쳐 밑간하고,

**2** 고추기름(1) 두른 팬에 밑간한 돼지고기 넣어 볶다가,

> **어드바이스**
> 더 맛있게 하려면 돼지고기를 식용유에 튀기세요.

**3** 맛술(2), 양파(½줌), 셀러리(½줌) 순으로 넣어 볶고,

> **어드바이스**
> 셀러리는 필러로 껍질을 벗기고 고기 굵기로 채 썰어 주세요.

**4** 두반장(1), 진간장(0.5), 설탕(0.5) 넣어 볶다가 물(4) 넣어 졸인 다음 참기름(0.5) 넣고 마무리.

## 재료준비 2인분

**주재료** 오리고기(500g=5줌), 미나리(2줌)
**밑간 양념** 진간장(2), 설탕(2), 맛술(2),
　　　　　생강즙(1), 레몬즙(1),
　　　　　카레가루(0.4), 후춧가루(0.3)
**양념** 고추장(3), 된장(1), 다진 마늘(1), 다진 파(1),
　　　양파즙(1), 참기름(1), 깨(1)

### 냄새 없는 오리주물럭

### 요리노트

**오리고기 굽는 방법**
1 불판에 한지를 깔고, 기울여서 기름 빠지게 해서 구워도 좋고,
2 테팔 전기그릴 밑에 물을 받아 굽거나,
3 컨벡스 오븐 팬에 물(1컵)을 받고, 석쇠에 오리고기를 올려 240℃에서 30분 정도 구워도 좋아요.

오리고기를 어느 정도 굽다가 미나리를 올려 먹으면 아삭아삭 미나리 향이 오리고기와 환상의 조화를 이루죠. **미나리는 흐르는 물에 깨끗이 씻으면서 까만 줄기와 잎은 떼어내고 줄기만 사용하면 됩니다.**

**1** 오리고기(500g=5줌)에 진간장(2), 설탕(2), 맛술(2), 생강즙(1), 레몬즙(1), 카레가루(0.4), 후춧가루(0.3) 넣어 20분 정도 밑간하고,

**2** 고추장(3), 된장(1), 다진 마늘(1), 다진 파(1), 양파즙(1), 참기름(1), 깨(1) 넣어 조물조물 무쳐 1시간 정도 냉장 숙성시키고,

**3** 불판에 구우면서 미나리(2줌) 올리고 마무리.

**어드바이스**
프라이팬에 구우면 기름이 많이 튀니까 기름이 잘 빠지는 불판에서 구우세요.

## 다 모아 어묵햄볶음

**재료준비 6인분**

**주재료** 어묵(3줌), 햄(1줌)
**부재료** 양파(½개), 당근(½개), 붉은고추(½개), 청양고추(½개)
**양념** 식용유(1), 고추기름(0.5), 진간장(4), 맛술(2), 설탕(1), 물엿(1), 다진 파(1), 다진 마늘(0.5), 후춧가루(0.2), 깨(0.5), 참기름(0.5)

고추기름을 만들려면 식용유와 고춧가루를 4 : 1 비율로 넣고 끓이다가 향긋한 향이 나면 불 끄고, 고운 체에 빨간 기름만 걸러내면 되죠. 이때 대파, 마늘, 생강도 같이 넣어 끓이면 향이 더욱 좋아지는데 **고추기름은 기름을 많이 쓰는 요리에 사용하면 매콤한 맛으로 느끼함이 없어져서 좋아요.**

1 어묵(3줌)과 햄(1줌)은 뜨거운 물에 헹궈 나쁜 기름을 빼고,

2 식용유(1)와 고추기름(0.5) 두른 팬에 양파(½개), 당근(¼개) 넣어 볶다가,

3 나쁜 기름을 뺀 어묵과 햄을 넣어 볶고,

4 진간장(4), 맛술(2), 설탕(1), 물엿(1), 다진 파(1), 다진 마늘(0.5), 후춧가루(0.2), 깨(0.5), 참기름(0.5) 넣어 양념하고, 붉은고추(½개), 청양고추(½개) 썰어 넣고 마무리.

**재료준비 2인분**

**주재료** 어묵(1팩=200g), 곤약(½팩=100g)
**부재료** 붉은 피망(¼개), 녹색 피망(¼개)
**양념** 식용유(1), 다진 마늘(0.5), 진간장(2), 고추장(1), 물엿(1), 설탕(1), 맛술(3), 고춧가루(0.5), 검은깨(0.5), 참기름(0.5)

## 다양한 식감 어묵곤약볶이

'살빼자닷컴'에서 곤약을 종류별로 한 박스를 협찬해주셨는데 그중에 **오징어 모양 곤약으로 떡볶이 하듯 만들어 먹으니까 맛나네요.** 여러 가지 곤약은 http://salpeja.com에서 저렴하게 구입할 수 있답니다.

**1** 곤약은 끓는 물에 식초를 조금 넣고 2~3분 정도 데쳐서 사용하면 냄새가 안 나요.

**어드바이스**
어묵의 양을 절반으로 줄이고, 떡볶이 떡을 넣어주어도 좋아요.

**2** 식용유(1) 두른 팬에 다진 마늘(0.5), 어묵(1팩=200g), 곤약(½팩=100g), 붉은 피망(¼개), 녹색 피망(¼개) 넣어 강불에서 볶다가,

**3** 진간장(2), 고추장(1), 물엿(1), 설탕(1), 맛술(3), 고춧가루(0.5) 넣어 약불에서 볶고,

**4** 검은깨(0.5), 참기름(0.5) 넣고 마무리.

## 껍질째 먹는 꽃게튀김

자잘한 꽃게는 튀기게 되면 껍질째 아작아작 씹어 먹을 수 있답니다. **갑오징어의 뼈, 새우나 게의 껍질에 들어 있는 키틴(chitin)이란 성분은 상처를 치유하는 효과가 있어요.** 위벽이 헐어 있는 사람이 갑각류의 껍질을 꼭꼭 씹어서 먹으면 위벽이 빨리 아무는 효과를 볼 수 있다고 해요.

### 재료준비 2인분

- **주재료** 꽃게(2마리), 청양고추(1개), 붉은고추(1개), 다진 양파(2), 다진 마늘(1), 달걀(흰자 1개), 녹말가루, 굵은소금, 후춧가루, 식용유
- **부재료** 튀긴 대파(1줌), 파슬리
- **양념장** 진간장(4) + 물(4) + 맛술(2) + 설탕(2) + 레몬즙(1)
- **녹말물** 물과 녹말가루를 1:1 비율로 섞은 것(1)

**어드바이스** 절단된 냉동 꽃게가 아니라 산 꽃게라면 도마에 몇 번 내려쳐서 기절시킨 다음 등딱지를 벌려 아가미와 모래주머니를 떼어내고, 솔로 깨끗이 씻고, 가위로 절반을 잘라서 사용하세요

**1** 꽃게(2마리)는 2등분해서 굵은소금과 후춧가루를 뿌려 밑간한 다음 달걀(흰자 1개) 풀어 묻히고, 녹말가루를 묻힌 다음 탈탈 털어내고,

**2** 180℃ 온도의 식용유에서 바삭하게 튀겨내고,

**어드바이스** 만든 소스는 튀긴 꽃게에 뿌리고, 튀긴 대파(1)와 파슬리로 장식하세요.

**3** 분량의 **양념장**을 넣어 끓이다가 청양고추(1개), 붉은고추(1개), 다진 양파(2), 다진 마늘(1) 넣어 끓이고, 마지막에 **녹말물**(1) 넣어 걸쭉하게 만들어 튀긴 꽃게에 뿌리고 마무리.

봄이 되면 어머니는 서해안 갯벌에서 돌을 들춰 자잘한 방게를 잡아오시곤 하셨죠. 그걸 짭조름하게 볶아주셨는데 참 맛있게 먹었던 기억이 있어요. 봄에 마트에 가보니 방게 한 팩이 2천원 정도 하더라고요. 두 컵이면 대략 천원어치가 되는데 참 저렴한 가격으로 추억을 꼭꼭 씹어 먹었지요.

**재료준비 4인분**

**주재료** 방게(2컵), 녹말가루, 식용유
**부재료** 다진 마늘(1), 다진 파(1), 다진 붉은고추(1),
**양념** 맛술(2), 진간장(4), 설탕(1), 참기름(1), 후춧가루(0.2)

### 바삭바삭 방게볶음

**1** 방게(2컵)에 녹말가루를 솔솔 뿌려 옷 입힌 다음 낮은 온도에서 튀기고,

**어드바이스**
온도가 너무 높으면 기름이 튈 수 있으니 조심하세요. 튀긴 방게는 체에 밭쳐 기름을 빼두세요. 튀기는 것이 번거로우면 기름에 튀기듯 달달 볶아도 상관없어요.

**2** 식용유(1) 두른 팬에 다진 마늘(1), 다진 파(1), 다진 붉은고추(1) 넣어 볶아 향을 내고,

**3** 맛술(2), 진간장(4), 설탕(1) 넣어 끓여서 조림장을 만들고,

**어드바이스**
밥반찬으로 드시려면 진간장을 조금 더 넣거나 소금으로 간을 더 하세요.

**4** 튀긴 방게를 넣어 버무리고, 참기름(1), 후춧가루(0.2) 넣고 마무리.

# 어물전망신 꼴뚜기 조림

**재료준비** 6인분

**주재료** 마른 꼴뚜기(1컵), 마늘종(2컵), 밀가루(1)
**양념** 들기름(2), 진간장(4), 맛술(2), 물(2), 설탕(1), 다진 마늘(0.5), 붉은고추(½개), 깨(0.5), 참기름(0.5)

꼴뚜기는 보잘것없어 보여서 '어물전 망신은 꼴뚜기가 시킨다' 고 하죠.
그래도 밥반찬으로 만들어두면 효자 노릇 한답니다.

**1** 마른 꼴뚜기(1컵)는 물에 담가 30분 정도 불리고,

**2** 불린 꼴뚜기에 밀가루(1) 넣어 조물조물 한 다음 흐르는 물에 여러 번 헹구고,

**어드바이스** 밀가루를 이용하면 깨끗이 씻을 수 있어요.

**3** 들기름(2) 두른 팬에 마늘종(2컵)과 꼴뚜기를 넣어 볶다가,

**4** 진간장(4), 맛술(2), 물(2), 설탕(1), 다진 마늘(0.5) 섞은 양념장을 넣어 졸인 다음 붉은고추(½개), 깨(0.5), 참기름(0.5) 넣어주고 마무리.

### 재료준비 6인분

**주재료** 반건조 오징어(몸통 2마리)
**조림장** 물(1컵), 다시마(사방 5cm 1장), 마른 고추(1개), 진간장(4), 맛술(2), 설탕(2), 다진 마늘(0.4), 생강가루(0.2), 후춧가루(0.1), 물엿(1.5), 참기름(0.4), 깨(0.4)

**어드바이스**
생물로 해도 되는데 아무래도 식감은 반건조 오징어가 더 좋죠. 마른 오징어는 물에 하루 정도 불려서 부드럽게 한 다음 사용하세요.

포항이 반건조 오징어(피데기)가 유명하다는데, 그냥 구워 먹어도 맥주 안주로 훌륭하고, 조림으로 먹으면 밥반찬으로 좋아요.

## 반건조 오징어 조림

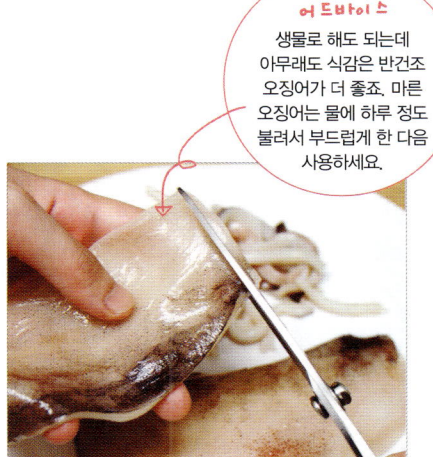

**1** 반건조 오징어(몸통 2마리)는 가위로 먹기 좋게 자르고,

**2** 물(1컵)에 다시마(사방 5cm 1장), 마른 고추(1개), 진간장(4), 맛술(2), 설탕(2) 넣어 강불에서 5분 정도 끓이다가 다시마와 마른 고추는 체로 건져내고,

**3** 오징어를 넣어 강불에서 5분 정도 더 끓이다가 다진 마늘(0.4), 생강가루(0.2), 후춧가루(0.1) 넣고,

**4** 중불로 줄여 국물이 자작하게 남을 정도로 졸이고, 물엿(1.5), 참기름(0.4), 깨(0.4) 넣고 마무리.

꽈리고추멸치볶음은 멸치의 고소함과 매콤한 꽈리고추의 환상적인 궁합이 완벽한 밑반찬이에요. **여름철 더위에 입맛을 잃으면, 찬물에 밥 말아서 꽈리고추멸치볶음과 함께 먹으면 다른 반찬이 필요없죠.**

**재료준비 6인분**

**주재료** 꽈리고추(50개=100g), 잔멸치(1컵=50g)
**양념** 식용유(2), 진간장(5), 물(2), 맛술(2), 설탕(2), 물엿(1), 다진 파(1), 다진 마늘(1), 후춧가루(0.3), 참기름(1), 깨(0.5)

## 아싸리 꽈리고추멸치볶음

**1** 잔멸치(1컵=50g)는 흐르는 물에 씻고, 마른 팬에 볶아 수분을 날려 준비하고,

> **어드바이스**
> 꼭지를 떼어낸 꽈리고추는 7cm 길이로 작은 것으로 했어요.

**2** 꽈리고추(50개=100g)는 씻어 물기 털고, 꼭지를 떼어낸 다음 꼬치로 콕콕 찔러 준비하고,

**3** 식용유(2) 두른 팬에 잔멸치와 꽈리고추를 강불에 2분 정도 볶다가,

**4** 진간장(5), 물(2), 맛술(2), 설탕(2), 물엿(1), 다진 파(1), 다진 마늘(1), 후춧가루(0.3), 참기름(1), 깨(0.5) 섞은 양념장을 넣어 졸이고 마무리.

멸치, 새우, 마늘종이 모아지니까 색도 예쁘고 맛도 좋네요. 특히 마늘종은 살짝만 볶아야 색이 좋은데 자신 없으면 살짝 데치고 물기 빼서 넣어주면 색이 더 예뻐요.

**재료준비** 2컵 분량

**주재료** 잔멸치(1컵), 보리새우(½컵), 마늘종(½컵)
**양념** 들기름(2), 진간장(2), 맛술(1), 설탕(1), 물엿(1), 들깨가루(0.5)

## 반찬가게 멸치새우볶음

**1** 들기름(2) 두른 팬에 잔멸치(1컵), 보리새우(½컵), 마늘종(½컵) 순으로 넣어 볶다가,

**2** 진간장(2), 맛술(1), 설탕(1), 물엿(1) 넣어 양념하고,

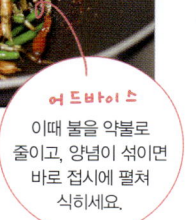

**어드바이스**
이때 불을 약불로 줄이고, 양념이 섞이면 바로 접시에 펼쳐 식히세요.

**3** 취향에 따라 들깨가루(0.5) 뿌리고 마무리.

괴도라치의 잔 새끼를 여러 마리 붙여 김처럼 포로 만든 것을 뱅어포라고 해요. **팬에서 굽는 것보다는 석쇠에 직화구이를 하는 것이 훨씬 맛이 좋아요.**

**재료준비** 6인분

**주재료** 뱅어포(2장), 잣가루
**양념** 진간장(4), 고추장(1.5), 설탕(2), 물엿(0.5), 다진 마늘(0.5), 맛술(2), 깨(1), 참기름(1)

## 석쇠에 구운 뱅어포구이

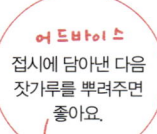
**어드바이스**
접시에 담아낸 다음 잣가루를 뿌려주면 좋아요.

**1** 진간장(4), 고추장(1.5), 설탕(2), 물엿(0.5), 다진 마늘(0.5), 맛술(2), 깨(1), 참기름(1) 섞어 양념장을 만들어,

**2** 뱅어포(2장)에 앞뒤로 발라 10분 정도 재운 다음,

**3** 석쇠에 올려 앞뒤로 구워주고, 3×3cm 크기로 자르고 잣가루를 솔솔 뿌리고 마무리.

## 재료준비 6인분

**주재료** 쥐포(도톰한 것 5장), 우유(1컵)
**양념** 식용유(2), 고추장(2), 물엿(2), 설탕(0.5), 맛술(1), 진간장(0.5), 다진 마늘(0.5), 생강가루(0.3), 깨(0.5)

**애니락**
개봉하고 남은 것은 애니락을 끼워 밀봉하면 좋아요.
anylock.co.kr

싱싱해(http://singsinghe.co.kr)에서 협찬해준 국내산 순살 쥐포는 일반적으로 보던 불량식품과 달리 진짜 도톰한 생선이 보이더군요. **쥐포에 대한 편견이 한순간에 사라진답니다.**

## 국내산 쥐포볶음

**1** 쥐포(도톰한 것 5장)는 가위로 먹기 좋게 잘라 우유(1컵)에 10분 정도 담가두고,

*어드바이스* 쥐포를 우유에 담그면 잡내와 짠맛도 없애고, 연하게 할 수 있어요.

*어드바이스* 단것이 싫으면 설탕은 안 넣어도 돼요.

**2** 식용유(2) 두른 팬에 고추장(2), 물엿(2), 설탕(0.5), 맛술(1), 진간장(0.5), 다진 마늘(0.5), 생강가루(0.3) 넣어 자글자글 끓이다가,

**3** 쥐포를 넣어 버무리면서 졸인 다음 깨(0.5) 뿌리고 마무리.

## 달달한 잔멸치볶음

잔멸치를 달달하게 볶으면 반찬으로도 좋고, 주먹밥을 만들어 먹어도 훌륭하죠. 잔멸치는 멸치를 체에 밭쳐 흐르는 물에 씻은 다음 마른 팬에 볶아서 사용하면 깨끗하고 비린내도 안 나요.

**재료준비** 6인분
**주재료** 잔멸치(1컵=50g), 마늘(3쪽)
**부재료** 청양고추(½개), 붉은고추(½개)
**양념** 식용유(2), 진간장(0.5), 맛술(0.5), 깨(0.5), 참기름(0.3), 설탕(2)

**1** 식용유(2) 두른 팬에 마늘(3쪽)을 편으로 썰어 넣고 볶아 향을 내고,

**2** 잔멸치(1컵=50g) 넣어 볶고, 진간장(0.5), 맛술(0.5) 넣고,

*어드바이스* 멸치가 타는 듯하면 불을 줄이거나 잠시 꺼주세요.

**3** 청양고추(½개), 붉은고추(½개), 깨(0.5), 참기름(0.3) 넣어 중불에서 살짝 볶다가,

*어드바이스* 아몬드 슬라이스(2)를 넣어 주어도 좋아요.

**4** 불을 끈 다음 설탕(2) 뿌리고 마무리.

이거 하나면 다른 찬이 필요 없지요. **만들어 놓고, 남편이 오기 전에 다 먹어버릴지 모르니 식욕주의보를 발령하고 만들어야 합니다.**

**재료준비** 4인분

**주재료** 총각김치(4등분한 것 8조각), 꽁치 캔(400g=2마리)
**부재료** 대파(5cm 길이 1대), 붉은고추(½개)
**양념** 식용유(2), 물(2컵), 설탕(0.4), 된장(0.3), 생강가루(0.1)

스테인리스 팬 예열 방법

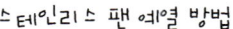

**어드바이스**
물 한 방울을 떨어뜨렸을 때 퍼지지 않고, 구슬처럼 통통 튀면 예열 끝!

지름 24cm 스테인리스 팬은 중불에 4분 정도 가열하여 달구세요.

## 하나면 충분! 꽁치총각김치조림

**1** 식용유(2) 두른 팬에 총각김치(4등분한 것 8조각) 넣어 중불로 지지고,

**어드바이스** 무청이 많이 달린 것으로 해야 맛나요.

**2** 물(2컵), 꽁치 캔(400g=2마리), 설탕(0.4), 된장(0.3), 생강가루(0.1) 넣어 강불에서 국물이 반으로 줄도록 끓이고,

**3** 대파(5cm 길이 1대), 붉은고추(½개) 송송 썰어 넣고, 중불에서 국물을 자작하게 졸이고 마무리.

### 재료준비 2~3인분

**주재료** 삼치(½마리), 녹말가루(2), 식용유(1)
**밑간 양념** 맛술(1), 레몬즙(1), 굵은소금(0.2), 후춧가루(0.1)
**데리야끼소스** 물(1컵), 진간장(2), 맛술(1), 물엿(1), 설탕(0.5), 생강가루(0.1), 양파(⅛개), 마른 고추(½개), 마늘(1쪽), 다시마(사방 5cm 1장)

## 황금빛 삼치데리야끼

삼치데리야끼는 깻잎, 생강 또는 대파(10cm 길이 1대)를 채 썰어서 곁들이면 더욱 맛있어요. **연어, 고등어, 꽁치, 갈치도 같은 방법으로 해먹으면 좋지요.**

**1** 삼치(½마리)에 맛술(1), 레몬즙(1), 굵은소금(0.2), 후춧가루(0.1) 뿌려 밑간하고,

**2** 분량대로 **데리야끼소스** 재료를 넣고 중불에서 7분 정도 끓인 다음 고운 체에 걸러 데리야끼소스를 준비하고,

**3** 밑간한 삼치에 녹말가루(2) 묻히고, 식용유(1) 두른 팬에 앞뒤로 굽다가,

**4** 데리야끼소스를 뿌려 중불에서 졸이고 마무리.

**어드바이스** 소스를 숟가락으로 삼치 위에 끼얹어가며 졸이세요.

전복은 지방이 적고, 아미노산이 많이 들어 있어 몸이 허약한 사람이나 환자들에게 좋고, **비타민 B의 함량이 높아 뇌의 작용을 활성화시키고 피로 회복을 돕는답니다.**

### 재료준비 2인분

**주재료** 전복(2마리)
**양념** 진간장(5), 설탕(2), 마늘(2쪽), 생강(1톨), 꿀(1), 참기름(0.5), 후춧가루(0.2)

### 요리노트

#### 전복 손질하기

전복은 살아 있는 것을 구입한 날로부터 1~2일은 5mm 두께로 썰어 회로 먹고, 이후에는 냉장실의 제일 위칸에 보관하고, 차후에 먹으려면 손질해서 위생 비닐에 담아 냉동 보관을 하세요.

1 전복의 모서리가 뾰족한 쪽으로 숟가락을 넣어 밀어내듯 긁어 살을 떼어낸 다음 뾰족한 입도 잘라내고,

2 살을 뒤집어 내장과 살을 분리하고, 솔이나 굵은소금으로 박박 씻고 마무리.

## 후끈 달아오른 전복조림

**1** 손질한 전복(2마리)은 칼집을 넣고, 찬물에 넣어 우르르 끓으면 물을 따라내고,

**2** 진간장(5), 설탕(2), 마늘(2쪽), 생강(1톨) 넣어 졸이고,

**3** 꿀(1), 참기름(0.5), 후춧가루(0.2) 뿌리고 마무리.

카라엘리시르
미디볼

## 코 꺼서 코다리볶음

동태 되기 직전에 꾸덕꾸덕 말린 명태를 코 꺼서 판다고 해서 코다리예요. **명태가 생물이면 생태, 얼리면 동태, 말리면 북어, 새끼 명태를 말리면 노가리라고 합니다.**

## 재료준비 2인분

**주재료** 코다리(2마리), 양파(½개), 풋고추(1개), 식용유
**밑간 양념** 진간장(1), 굵은소금(0.4), 맛술(0.5), 생강즙(0.5), 후춧가루(0.3)
**튀김옷** 녹말가루(½컵), 달걀(1개)
**양념** 식용유(4), 물(¼컵), 고추장(3), 맛술(2), 진간장(1), 설탕(1), 물엿(1), 다진 마늘(1), 깨(0.5), 참기름(0.5)

**어드바이스** 코다리는 내장, 아가미, 주둥이, 지느러미를 제거한 다음 8등분하고 깨끗이 씻으세요.

1 코다리(2마리)에 진간장(1), 굵은소금(0.4), 맛술(0.5), 생강즙(0.5), 후춧가루(0.3) 넣고 버무려서 20분 정도 재운 다음,

2 녹말가루(½컵), 달걀(1개) 넣고 섞어 튀김옷을 입히고,

3 튀김옷 입힌 코다리는 식용유에 노릇하고 바삭하게 튀겨두고,

4 식용유(4) 두른 팬에 양파(½개), 다진 마늘(1) 넣어 볶다가 물(¼컵), 고추장(3), 맛술(2), 진간장(1), 설탕(1) 넣어 자작자작 끓이고,

5 튀긴 코다리와 풋고추(1개), 물엿(1) 넣어 버무리고,

6 깨(0.5), 참기름(0.5) 넣고 마무리.

## 두반장 조기조림

중화풍으로 매콤하면서도 감칠맛이 좋은 조기조림이에요. 소금간이 되어 있는 조기로 할 경우에는 쌀뜨물에 담가 소금기를 빼고 사용하세요.

### 재료준비 2인분

**주재료** 조기(1마리), 식용유
**부재료** 표고버섯(1개), 피망(½개), 붉은고추(½개)
**밑간 양념** 진간장(1)
**양념** 물(1컵), 고추기름(1), 두반장(2), 진간장(0.5), 맛술(1), 다진 파(1), 다진 마늘(0.5), 설탕(1), 후춧가루(0.2), 참기름(0.3)
**녹말물** 물과 녹말가루를 1:1 비율로 섞은 것(1)

**어드바이스** 아가미 속살에 불순물이 많아서 떼어내는 것이 좋아요.

**1** 조기(1마리)는 아가미 속살을 떼어내고, 내장, 비늘, 지느러미 제거하고, 몸통에 칼집 내고, 진간장(1) 뿌려 밑간한 다음,

**2** 식용유를 넉넉히 두른 팬에 50% 정도 익도록 굽고,

### 요리노트

#### 고추기름 만들기

고추기름은 고춧가루와 식용유를 1:4 비율로 끓이다가 식용유가 끓기 시작하면 고운 체에 걸러 맑고 빨간 기름만 얻어내면 되는데, 이때 생강이나 마늘, 대파 등등 여러 향신채소를 넣으면 더욱 좋아요. 시중에서는 고추씨기름, 고추맛기름, 라유라는 이름으로 판매되고 있는데 직접 만든 것보다 매운맛이 강해요.

#### 두반장

두반장은 누에콩과 붉은고추를 넣고 설탕, 대두, 잠두, 마늘을 섞어 만든 장으로 고추장과 맛이 비슷하죠. 고기를 양념하고 볶음 요리할 때 많이 쓰이는데 고추장처럼 사용하면 돼요. 슈퍼나 마트에 가면 중국 요리 소스를 파는 코너에 있답니다.

**3** 고추기름(1) 두른 팬에 두반장(2), 진간장(0.5), 맛술(1), 다진 파(1), 다진 마늘(0.5) 넣어 볶다가,

**4** 표고버섯(1개) 채 썰어 넣고, 설탕(1), 후춧가루(0.2) 넣어 볶고,

**어드바이스** 국물을 조기에 끼얹어가며 졸이세요.

**5** 물(1컵)과 튀긴 조기를 넣어 중불에서 익히고,

**6** 피망(½개), 붉은고추(½개) 넣고, **녹말물**(1) 넣어 걸쭉하게 만들고, 참기름(0.3) 넣어 향을 내고 마무리.

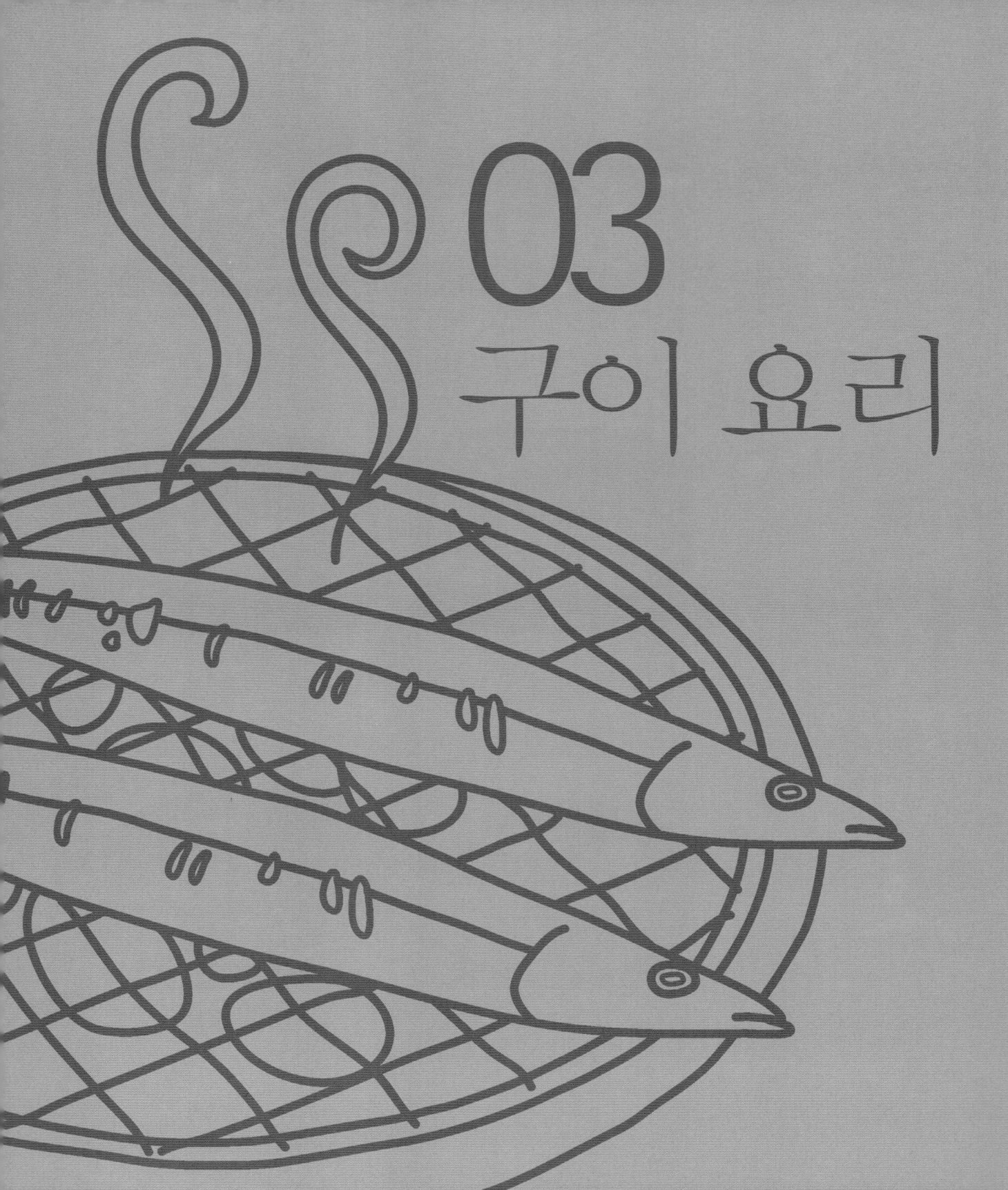

## 03 구이 요리

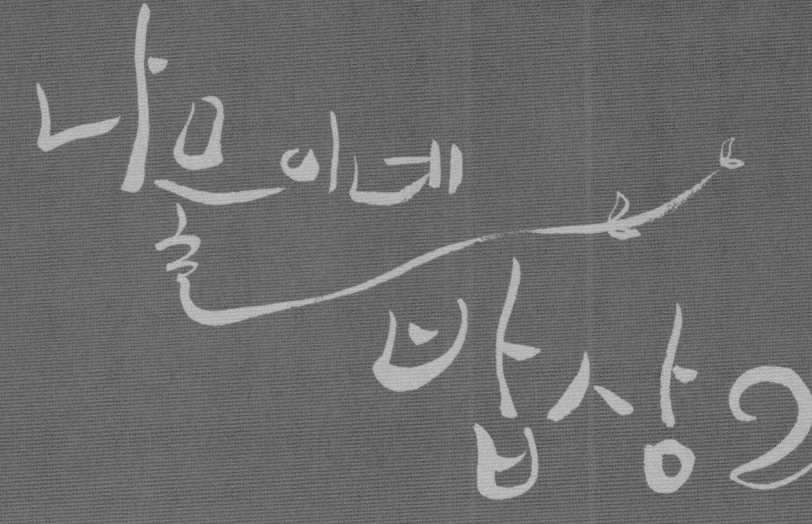

닭 한 마리를 구워서 감자와 양파를 가니시로 하고, 허니머스타드소스에 찍어 먹으면 폼 나는 상차림이 되지요. 미니 전기오븐을 장만해서 로스트치킨만 해먹어도 본전 뽑아요.

## 폼 나는 로스트치킨

### 요리노트

**씨머스타드** (홀그레인 머스타드)

씨머스타드는 겨자씨, 식초, 식염, 파프리카, 심황, 마늘분 등을 적절히 배합해 페이스트로 만든 서양겨자이며 겨자씨의 거친 느낌이 살아 있어요. 머스타드처럼 햄버거나 핫도그, 샌드위치 등에 느끼한 맛을 제거하기 위해 널리 쓰이는데 겨자씨를 넣어 쌉쌀한 겨자씨 씹는 맛이 더 좋아요. 꿀과 식초를 더 넣어 아이들이 좋아하는 허니머스타드 소스를 만들 수도 있고, 또 마늘과 양파를 다져 섞으면 매콤한 맛을 더한 소스로 만들 수도 있어요.

오래 두면 페이스트와 수분이 분리가 되므로 자주 쓰지 않는 경우엔 섞어서 사용하세요. 가격은 200g에 5천원대이고 마트나 http://yum.co.kr에서 구입할 수 있어요.

### 재료준비 2인분

**주재료** 닭(大 1마리), 감자(1개), 올리브오일(4)
**속재료** 양파(1개), 월계수잎(1장), 다진 로즈마리(1),
　　　　　다진 마늘(1), 고운소금(0.4), 후춧가루(0.3)
**허브버터** 버터(5), 다진 로즈마리(2),
　　　　　고운소금(0.5), 후춧가루(0.3)
**허니머스타드소스** 물(2컵), 씨머스타드(5),
　　　　　돈가스소스(6), 토마토케첩(9),
　　　　　꿀(2)

로즈마리는 동네 화원에서 2천원이면 화분 한 개를 구입할 수 있고, 고기 요리할 때마다 몇 잎 뜯어 함께 재우면 특유의 향으로 고기의 잡내를 없애는 역할을 하죠. 환기가 잘 되고 빛이 잘 드는 창가에 놓고 키우면서 흙이 마르지 않게 물을 주면 잘 자라요.

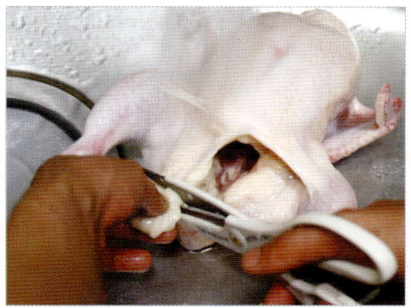

**1** 닭(大 1마리)은 노란 기름을 모두 떼어낸 다음 깨끗이 씻어 물기 빼고,

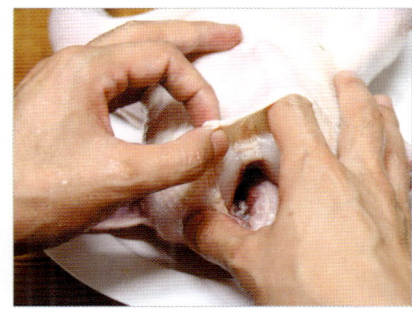

**2** 닭의 가슴살과 껍질 사이로 손가락을 넣어 분리시키고,

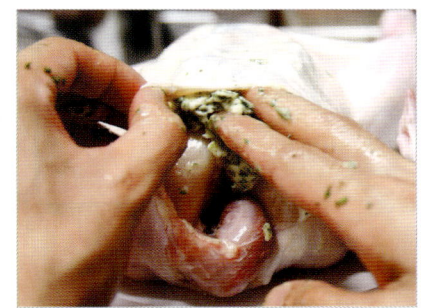

**3** 그 사이로 실온에 있던 버터(5), 다진 로즈마리(2), 고운소금(0.5), 후춧가루(0.3) 섞은 허브버터를 넣어 골고루 펴주고,

**4** 양파(1개)를 채 썬 다음 월계수잎(1장), 다진 로즈마리(1), 다진 마늘(1), 고운소금(0.4), 후춧가루(0.3) 넣어 섞어서 닭의 뱃속에 채워주고,

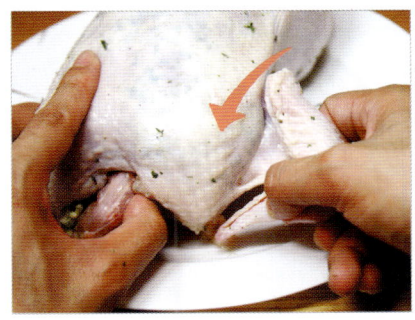

**5** 다리를 엇갈려서 실로 묶고, 날개는 뒤로 접어 끼워 고정시키고, 닭 전체에 올리브오일(4) 고루 발라 마사지하고,

**6** 200℃로 예열한 오븐에 넣어 1시간 정도 굽는 동안,

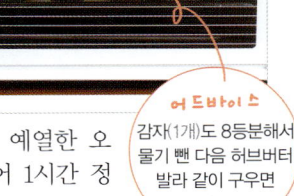

**어드바이스** 감자(1개)도 8등분해서 물기 뺀 다음 허브버터 발라 같이 구우면 돼요.

**7** 냄비에 물(2컵), 씨머스타드(5), 돈가스소스(6), 토마토케첩(9) 섞어 끓이다가 거품이 생기면 모두 걷어내면서 물이 반으로 줄도록 졸인 다음 꿀(2)을 넣어 허니머스타드소스를 만들고 마무리.

닭날개구이는 짭짤한 교촌치킨과 맛이 비슷한데 **식어도 맛있으니까 도시락 반찬으로 하면 참 좋아요.**

### 재료준비 2인분

**주재료** 닭날개(10개)
**양념장** 진간장(2), 설탕(1), 맛술(1), 씨머스타드(1), 다진 마늘(0.5), 물엿(0.5), 레몬즙(0.5), 고운소금(0.3), 생강가루(0.2), 후춧가루(0.2)

### 요리노트

**씨머스타드** (홀그레인 머스타드)

씨머스타드는 겨자씨, 식초, 식염, 파프리카, 심황, 마늘분 등을 적절히 배합해 페이스트로 만든 서양겨자이며 겨자씨의 거친 느낌이 살아있어요. 오래 두면 페이스트와 수분이 분리가 되므로 자주 쓰지 않는 경우엔 섞어서 사용하세요. 가격은 200g에 5천 원대이고 마트나 http://yum.co.kr에서 구입할 수 있어요.

## 때깔 좋은 닭날개구이

할라피뇨(멕시코 매운고추 피클)

**어드바이스** 씨머스타드가 없으면 그냥 머스타드(0.5), 식초(0.5)를 넣어주세요.

**1** 진간장(2), 설탕(1), 맛술(1), 씨머스타드(1), 다진 마늘(0.5), 물엿(0.5), 레몬즙(0.5), 고운소금(0.3), 생강가루(0.2), 후춧가루(0.2) 섞어 양념장을 만들고,

**2** 닭날개(10개)를 넣고 버무려 30분 정도 재우고,

**어드바이스** 오븐이 없으면 닭날개를 튀긴 다음 양념장에 버무리세요.

**3** 오븐 팬에 포일을 깔고 양념장에 재운 닭날개를 올리고, 200℃로 예열한 오븐 중간 단에 넣어 10분 정도 굽다가 뒤집어 남은 양념장을 바른 다음 15분 더 굽고 마무리.

일오팔팔 나물나물 피자훗 버펄로윙은 셀러리와 허니머스타드를 곁들여 먹으면 좋아요.

### 재료준비 2인분

**주재료** 닭날개(10개), 버터(2)
**밑간 양념** 맛술(2), 굵은소금(0.4), 후춧가루(0.2), 다진 로즈마리(0.3)
**양념장** 녹인 버터(2), 핫소스(2), 우스타소스(1), 설탕(1), 식초(0.5), 고춧가루(0.3), 다진 마늘(0.3)
**허니머스타드** 머스타드(1) + 마요네즈(1) + 꿀(0.5) + 레몬즙(0.3)

## 피자훗 버펄로윙

**1** 닭날개(10개)에 칼집 넣고 맛술(2), 굵은소금(0.4), 후춧가루(0.2), 다진 로즈마리(0.3) 뿌려 20분 정도 밑간하고,

**어드바이스** 로즈마리는 동네 화원에서 2천원이면 화분 한 개를 구입할 수 있고, 고기 요리할 때마다 몇 잎 뜯어 함께 재우면 특유의 향으로 고기의 잡내를 없애는 역할을 하죠. 환기가 잘 되고 빛이 잘 드는 창가에 놓고 키우면서 흙이 마르지 않게 물을 주면 잘 자라요.

**2** 녹인 버터(2), 핫소스(2), 우스타소스(1), 설탕(1), 식초(0.5), 고춧가루(0.3), 다진 마늘(0.3) 섞어 양념장을 만들고,

**3** 포일에 버터(2) 바르고, 양념장을 바른 닭날개를 올려 200℃로 예열한 오븐에서 10분 정도 굽다가,

**어드바이스** 오븐이 없으면 식용유 두른 팬에 밑간한 닭날개를 익히고, 냄비에 양념을 끓이다가 익힌 닭날개를 버무려주세요.

**4** 뒤집어 남은 양념장을 마저 발라 15분 정도 더 구운 다음, **허니머스타드**를 곁들여 내고 마무리.

**어드바이스** 양념은 중탕으로 끓이거나 전자레인지에 살짝 돌려 버터를 녹이는 것이 좋아요.

Part 3 나물이네 구이 요리

카라 업데이트
정찬접시(26.5cm)

## 꽃돼지 로스트 포크

**가격이 저렴한 돼지고기 안심으로 레스토랑 부럽지 않은 칼질을 해보아요.**
돼지고기에는 시판 스테이크소스를 뿌리고, 샐러드에는 프레시안 파인 머스타드 드레싱을 뿌리면 간편하게 먹을 수 있어요. 와인도 준비하면 더욱 좋겠죠.

### 재료준비 2인분

**주재료** 돼지고기(안심 ½근=300g), 스테이크소스
**부재료** 브로콜리, 삶은 당근, 버터, 고운소금
**향신 채소** 양파(½개), 당근(½줌), 셀러리(6cm 길이 1대)
**밑간 양념** 레드와인(4), 굵은소금(0.4), 후춧가루(0.3)
**샐러드** 양상추, 적채, 래디시, 샐러드소스
**매시트포테이토** 감자(1개), 생크림(½컵), 다진 당근(1), 스위트콘(2), 설탕(0.5), 고운소금(0.3), 후춧가루(0.2)

셀러리는 마트에서 쌈채소 살 때 작은 사이즈로 먹을 만큼만 구입하면 좋아요.

**1** 오븐 팬에 포일을 넓게 깐 다음 양파(½개), 당근(½줌), 셀러리(6cm 길이 1대) 채 썰어 깔아주고,

**2** 돼지고기(안심 ½근=300g) 올린 다음 레드와인(4), 굵은소금(0.4), 후춧가루(0.3) 뿌려 30분 정도 밑간하고,

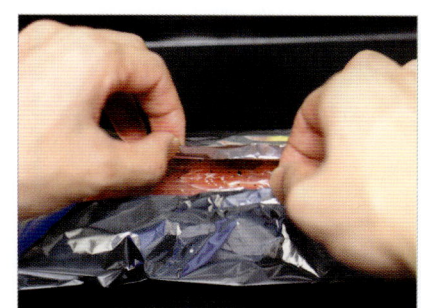

**3** 포일을 봉한 다음 200℃로 예열한 오븐 중간 단에 넣어 30분 정도 굽다가,

**4** 포일을 열어 30분 정도 더 구워 스테이크를 완성하고,

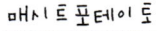

매시트포테이토

**5** 감자(1개)는 20분 정도 삶아 물을 따라내고, 수분을 날린 다음 방망이로 찧고, 생크림(½컵), 다진 당근(1), 스위트콘(2) 넣어 저으면서 은근히 끓이다가 설탕(0.5), 고운소금(0.3), 후춧가루(0.2) 넣어 매시트포테이토를 완성하고,

가니시

**6** 브로콜리와 삶은 당근은 버터를 녹인 팬에 볶다가 고운소금으로 간하고 마무리.

## 아웃벅 바비큐립

돼지 한 마리에서 두 대의 등갈비가 나오는데, 한 대에 대략 8천원 정도 해요. 스테이크소스는 시판 스테이크소스를 사용했는데 스테이크소스가 없으면 케첩을 더 넣고 우스타소스를 넣어주세요. 케첩도 없이 하려면 토마토페이스트와 우스타소스, 식초를 넣어줘야 하고요.
완성된 바비큐립에는 감자구이 또는 감자튀김과 피클을 곁들이면 좋아요.

## 재료준비 2인분

**주재료** 돼지 등갈비(1대)
**삶는 물** 물(10컵), 양파(½개), 통마늘(3쪽), 통후추(10알), 월계수잎(1장), 로즈마리(1줄기)
**소스** 버터(1), 양파(½개), 마늘(1쪽), 스테이크소스(½컵), 사과즙(½컵), 케첩(½컵), 맛술(2), 핫소스(1), 진간장(1), 꿀(1), 흑설탕(1), 후춧가루(0.3)

로즈마리는 동네 화원에서 2천원이면 화분 한 개를 구입할 수 있고, 고기 요리할 때마다 몇 잎 뜯어 함께 재우면 특유의 향으로 고기의 잡내를 없애는 역할을 하죠. 환기가 잘 되고 빛이 잘 드는 창가에 놓고 키우면서 흙이 마르지 않게 물을 주면 잘 자라요.

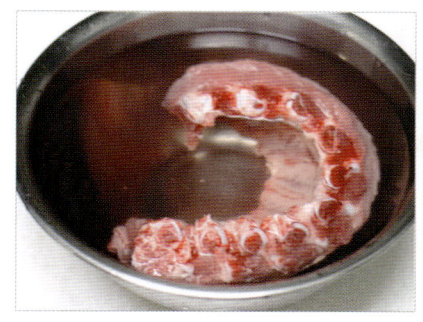

1 돼지 등갈비(1대)를 찬물에 30분 정도 담가 핏물을 빼고,

2 물(10컵)에 등갈비, 양파(½개), 통마늘(3쪽), 통후추(10알), 월계수잎(1장), 로즈마리(1줄기) 넣어 30분 정도 끓이는 동안,

3 버터(1) 녹인 팬에 양파(½개), 마늘(1쪽)을 곱게 다져 넣어 볶다가,

4 스테이크소스(½컵), 사과즙(½컵), 케첩(½컵), 맛술(2), 핫소스(1), 진간장(1), 꿀(1), 흑설탕(1), 후춧가루(0.3) 넣고 은근히 졸여서 소스를 만들고,

### 요리 노트

**알감자구이**

1 알감자(40개=1kg)는 깨끗이 씻어 물기 닦아 오븐팬에 담고, 통마늘(5쪽), 로즈마리(2줄기)도 같이 담고,

2 올리브오일(6), 굵은소금(0.7), 후춧가루(0.3) 뿌려 버무린 다음,

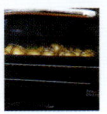
3 200℃로 예열한 오븐 중간 단에 넣어 35분 정도 굽고 마무리.

**어드바이스**
등갈비 두 대를 재우려면 소스 분량은 1.5배 정도만 늘려 주세요.

5 삶은 등갈비에 소스를 바른 다음 냉장고에 넣어 1시간 이상 재웠다가,

6 240℃로 예열한 오븐 중간 단에 넣어 10분 정도 굽다가 소스를 더 바르고, 10분 더 굽고 마무리.

## 데리야끼 장어구이

장어를 씻으면 맛있는 맛이 빠져나가고 비린 맛이 날 수 있으니까 살 때 그대로 구워 먹을 수 있게 잘 손질해달라고 하세요. 특히 껍질 쪽을 칼로 긁어 비늘 막을 잘 제거해달라고 하시면 돼요.

**장어구이에 복숭아를 같이 먹으면 설사를 하니까 피하세요.**

### 재료준비 1인분

**주재료** 장어(大 1마리)
**부재료** 깻잎채, 생강채
**밑간 양념** 맛술(2), 생강즙(0.5), 참기름(0.5), 후춧가루(0.1)
**데리야끼소스(장어 4마리분)** 진간장(1컵), 맛술(1컵), 물(1컵), 다시마(사방 5cm 1장), 마늘(4쪽), 대파(1대), 양파(½개), 청양고추(1개), 장어뼈(4마리분), 설탕(4), 물엿(4)

**1** 진간장(1컵), 맛술(1컵), 물(1컵), 다시마(사방 5cm 1장), 마늘(4쪽), 대파(1대), 양파(½개), 청양고추(1개), 장어뼈(4마리분), 설탕(4), 물엿(4) 넣어 35분 정도 끓인 다음 체에 받쳐 데리야끼소스(장어 4마리분) 만들어두고,

**어드바이스** 장어뼈는 끓는 물에 살짝 데친 다음에 넣으세요. 인삼도 1뿌리 넣으면 더욱 좋죠.

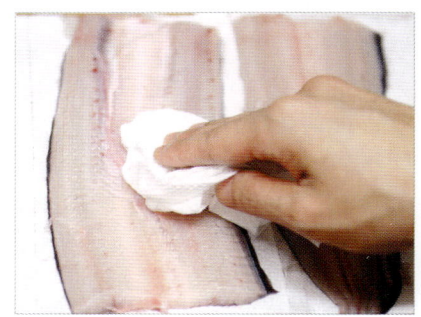

**2** 손질한 장어(大 1마리)는 물에 씻지 말고 키친타월로 핏기만 닦아내고,

**3** 오븐 팬에 물(½컵) 부은 다음 석쇠 위에 장어를 올리고 맛술(2), 생강즙(0.5), 참기름(0.5), 후춧가루(0.1) 섞어 바른 다음 240℃로 예열한 오븐 상단에 넣어 5분 굽고, 뒤집어 5분 더 굽고,

**4** 데리야끼소스를 발라 3분 굽고, 뒤집어 데리야끼소스를 또 바르고 7분 구운 다음 깻잎채, 생강채 곁들여 내고 마무리.

**어드바이스** 껍질 쪽이 금방 타니까 3분만 굽고, 살 쪽을 7분 정도 구우면서 소스를 여러 번 바르세요.

## 재료준비 1인분

**주재료** 장어(大 1마리)
**부재료** 깻잎채, 생강채
**밑간 양념** 맛술(2), 생강즙(0.5), 참기름(0.5), 후춧가루(0.1)
**양념장(장어 2마리분)** 진간장(2), 고추장(1), 맛술(1), 설탕(1), 물엿(1), 다진 파(1), 다진 마늘(1), 생강즙(0.5), 참기름(1), 깨(0.5), 후춧가루(0.3)

# 고추장 장어구이

민물장어는 우리말로 '뱀장어', 일본말로 '우나기' 라고 하고, 바다장어는 우리말로 '붕장어', 일본말로 '아나고' 라고 하죠.

민물장어 가격은 1kg에 1만8천원, 2만원, 2만5천원 등 다양하게 있어요.

**어드바이스**
껍질 쪽이 금방 타니까 3분만 굽고, 살 쪽을 7분 정도 구우면서 양념장을 여러 번 바르세요.

**1** 진간장(2), 고추장(1), 맛술(1), 설탕(1), 물엿(1), 다진 파(1), 다진 마늘(1), 생강즙(0.5), 참기름(1), 깨(0.5), 후춧가루(0.3) 섞어 양념장을 만들어두고,

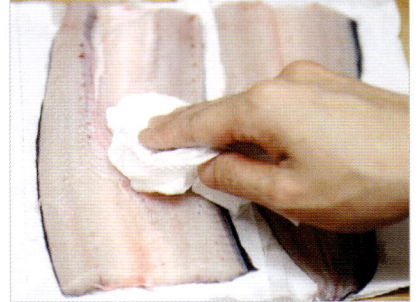

**2** 손질한 장어(大 1마리)는 물에 씻지 말고 키친타월로 핏기만 닦아내고,

**3** 오븐 팬에 물(½컵) 부은 다음 석쇠 위에 장어를 올리고 맛술(2), 생강즙(0.5), 참기름(0.5), 후춧가루(0.1) 섞어 바른 다음 240℃로 예열한 오븐 상단에 넣어 5분 굽고, 뒤집어 5분 더 굽고,

**4** 양념장을 발라 3분 굽고, 뒤집어 양념장을 또 바르고 7분 구운 다음 깻잎채, 생강채 곁들여 내고 마무리.

인터넷 싱싱해(singsinghe.co.kr)에서 진공 포장 냉동 고등어를 구입해 냉동실에 보관하고 손쉽게 매일 구워 먹으니까 밥맛이 절로 나요. **컨벡스 오븐에 구우면 냄새도 연기도 덜해서 생선 요리를 자주 해먹게 되죠.**

### 재료준비 2인분

**주재료** 고등어(½마리), 마늘편(3개)
**밑간 양념** 레몬즙(0.5), 맛술(0.5), 굵은소금(0.2)

● 요리노트

**레몬즙**
레몬즙은 생레몬의 과즙을 짜는 것이 상큼하고 맛있는데 없으면 시판 레몬즙을 사용해도 상관없어요. 하지만 맛은 생레몬이 훨씬 좋아요.

## 싱싱해 고등어 구이

어드바이스
석쇠가 달궈져 있어야 생선이 눌어붙지 않아요.

**1** 오븐 팬에 석쇠를 올린 다음 물(½컵) 붓고, 오븐 상단에 넣어 210℃로 10분 정도 돌려 예열하고,

어드바이스
싱겁게 먹으려면 굵은소금은 뿌리지 마세요.

**2** 고등어(½마리)는 3등분한 다음 칼집 넣고, 레몬즙(0.5), 맛술(0.5) 뿌린 다음 굵은소금(0.2), 마늘편(3개) 올리고,

**3** 210℃로 예열한 오븐의 석쇠에 밑간한 고등어를 올려 20분 정도 굽고 마무리.

## 재료준비 2인분

**주재료** 삼치(½마리), 올리브오일
**양념** 밀가루(1), 카레가루(1)
**쌈 채소** 깻잎(½줌), 이탈리안 파슬리(½줌), 적겨자(½줌), 비타민(½줌)
**양념** 진간장(1), 설탕(0.5), 고춧가루(0.5), 고운소금(0.2), 식초(1.5), 들기름(1)

# 겉절이와 삼치카레구이

삼치를 담백하게 구워 겉절이와 함께 먹으면 참 좋아요.
겉절이는 집에서 키우는 채소들을 겉절이 양념에 무치면 좋은데 깻잎(1줌)과 치커리(1줌)로만 해도 상관없어요.

**1** 삼치(½마리)는 사선으로 토막 낸 다음 올리브오일을 듬뿍 바르고,

> **어드바이스** 소금에 절인 삼치라면 카레가루를 체에 내렸을 때 마지막에 남는 알갱이(소금)는 묻히지 말고 버리세요.

**2** 밀가루(1), 카레가루(1)를 체에 내려 앞뒤로 묻혀주고,

> **어드바이스** 식용유 두른 팬에 구워도 상관없어요.

**3** 오븐 팬에 올리브오일을 바르거나 뿌리고 삼치를 올린 다음 210℃로 예열한 오븐 하단에 넣어 10분 정도 굽다가 뒤집어 10분 더 굽는 동안,

쌈 채소 겉절이

> **어드바이스** 식초는 현미식초(1), 발사믹식초(0.5)를 섞어 넣으면 더욱 맛있어요.

**4** 쌈 채소에 진간장(1), 설탕(0.5), 고춧가루(0.5), 고운소금(0.2), 식초(1.5), 들기름(1) 넣어 무쳐 삼치카레구이와 곁들여 내고 마무리.

## 마사고 새우 구이

**재료준비** 2인분

**주재료** 새우(24cm 길이 대하 6마리)
**양념** 레몬(½개), 마요네즈(3), 열빙어알(3)
**장식** 파슬리가루

'마사고'는 열빙어알의 일본말이에요. 새우, 마사고, 마요네즈만 있으면 훌륭한 일품 요리가 탄생하죠.
대하는 폼이 나고, 중하는 맛이 좋아요.

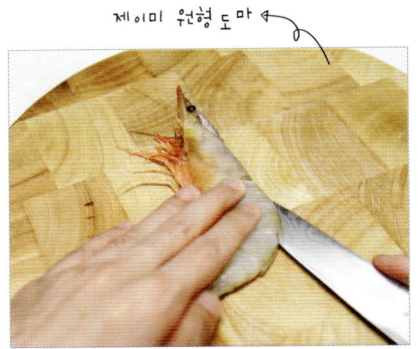

제이미 원형 도마

**1** 새우(24cm 길이 대하 6마리)는 등 쪽에 칼집을 넣어 펼친 다음,

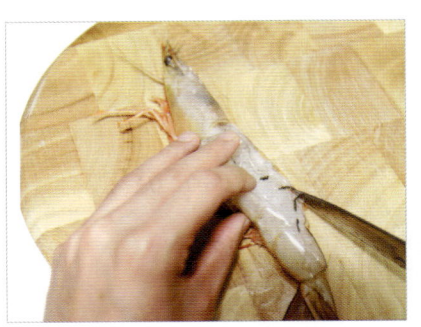

**2** 내장을 긁어내고,

**3** 오븐의 석쇠 위에 손질한 새우를 올려 레몬(½개)을 짜서 뿌리고,

**4** 마요네즈(0.5씩) 바르고, 열빙어알(0.5씩) 올리고, 240℃로 예열한 오븐 상단에 넣어 15분 정도 굽고 마무리.

**어드바이스** 크기가 작은 중하로 할 경우에는 마요네즈와 열빙어알 양을 줄이고, 10분만 구워요.

**보통 홍합보다 알이 큰 그린홍합은 관절염에 최고라네요.** 마트의 냉동 코너에서 종이박스에 포장해서 판매하는 것을 구입하면 돼요.

**재료준비 2인분**

**주재료** 그린홍합(20개)
**양념장** 고추장(2), 두반장(1), 다진 양파(2), 다진 파(1), 다진 마늘(0.5), 물엿(1), 설탕(0.5), 맛술(1), 레몬즙(1), 후춧가루(0.2), 깨(0.5), 참기름(1)
**장식** 깻잎채, 송송 썬 실파

● 요리 노트

**두반장**

두반장은 누에콩과 붉은고추를 넣고 설탕, 대두, 잠두, 마늘을 섞어 만든 장으로 고추장과 맛이 비슷하죠. 고기를 양념하거나 볶음 요리할 때 많이 쓰이는데 고추장처럼 사용하면 돼요. 슈퍼나 마트에 가면 중국 요리 소스를 파는 코너에 있답니다.

머슬머슬 **그린홍합구이**

**1** 고추장(2), 두반장(1), 다진 양파(2), 다진 파(1), 다진 마늘(0.5), 물엿(1), 설탕(0.5), 맛술(1), 레몬즙(1), 후춧가루(0.2), 깨(0.5), 참기름(1) 섞어 양념장을 만들고,

**2** 그린홍합(20개)에 양념장을 올리고,

**어드바이스**
냉동 그린홍합은 한 번 데쳐서 냉동한 거라 뜨거운 물에 살짝 헹궈 해동하면 돼요.

**3** 200℃로 예열한 오븐 중간 단에 넣어 20분 정도 굽고 마무리.

**어드바이스**
깻잎을 채 썰어 곁들여 먹으면 좋아요. 밥에 비벼 먹어도 굿~

Part 3 나물이네 구이 요리 149

## 뜯어 뜯어 낙지호롱구이

전라도에서 낙지를 볏짚에 끼워 간장양념을 발라 구워서 제사상에도 올라가는 낙지호롱구이를 고추장양념으로 해봤어요. 나무젓가락 양쪽을 잡고 뜯어 먹는 것이 꼭 갈비 뜯어 먹는 것 같아요.

## 재료준비 2인분

**주재료** 낙지(小 4마리), 굵은소금(1), 밀가루(1)
**밑간 양념** 참기름(1), 진간장(0.5), 마늘즙(0.5)
**양념장** 고추장(4), 고춧가루(0.5), 진간장(0.5), 설탕(1), 물엿(1), 맛술(1), 다진 파(1), 다진 마늘(0.5), 다진 생강(0.3), 후춧가루(0.2), 깨(0.5), 참기름(1)
**장식** 파슬리가루

### 요리노트

**실리콘 붓**

붓은 요리를 하면서 유용하게 사용되는데, 요즘은 인체에 무해한 실리콘 붓이 인기예요. 위생적이고, 세척과 관리도 편해서 좋답니다.

1 고추장(4), 고춧가루(0.5), 진간장(0.5), 설탕(1), 물엿(1), 맛술(1), 다진 파(1), 다진 마늘(0.5), 다진 생강(0.3), 후춧가루(0.2), 깨(0.5), 참기름(1) 섞어 양념장을 만들어두고,

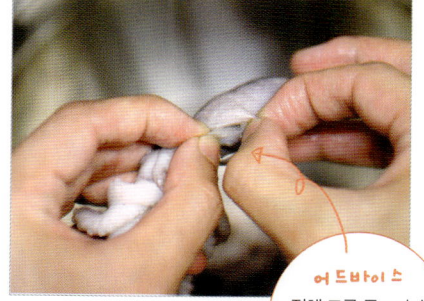

2 낙지(小 4마리)는 머리를 뒤집어 내장과 먹물을 제거하고,

**어드바이스** 정체 모를 물고기가 나올 수도 있으니 맘 단단히 먹으세요.

3 아래 검은 이빨도 여드름 짜듯이 눌러 빼내고, 굵은소금(1), 밀가루(1) 뿌려 박박 문질러 씻고, 흐르는 물에 행주 빨듯 쉬시식~ 빨아준 다음 물기 닦아내고,

**어드바이스** 나무젓가락 대신 대파 흰 대에 감으면 더욱 좋아요.

4 나무젓가락이 붙어 있는 부분에 머리를 끼우고, 짧은 다리를 안쪽으로 가게 하면서 돌돌 만 다음 마지막에 나무젓가락을 벌려 다리 끝을 끼우고, 포일로 손잡이를 감싸주고,

**어드바이스** 200℃ 오븐에서는 10분 정도 굽다가 양념장을 바르고 5분 더 구워주세요.

5 참기름(1), 진간장(0.5), 마늘즙(0.5)을 섞어 발라 20분 정도 밑간하고, 석쇠에 올려 직화구이를 하면서,

6 양념장을 여러 차례 나눠 발라 굽고 마무리.

**어드바이스** 팬에 구워도 상관없지만 직화구이를 해야 더 맛나요.

## 가을비와 송이버섯산적

**재료준비** 2인분

**주재료** 새송이버섯(4개=200g), 소고기(등심 1컵=200g)
**버섯 양념** 소금물, 참기름, 고운소금(0.4)
**소고기 양념** 진간장(2) + 설탕(1) + 맛술(1) + 다진 파(1) + 다진 마늘(0.5) + 생강가루(0.1) + 후춧가루(0.1) + 깨(0.3) + 참기름(0.3)

버섯산적은 원래 식용유 두른 팬에 굽거나 석쇠에 구우면 되는데 이번에는 미니 오븐을 이용해서 구워봤어요.

**1** 새송이버섯(4개=200g)은 소금물에 살짝 흔들어 씻어 5mm 두께로 썬 다음 손으로 찢어 준비하고,

**어드바이스** 분무기에 압력을 가한 다음 뿌리는 형식의 오일 스프레이는 적은 양의 오일로도 요리를 할 수 있게 해요.

**2** 참기름을 고루 바르거나 스프레이한 다음 고운소금(0.4) 뿌려 밑간하고,

**3** 소고기(등심 1컵=200g)에 잔 칼집을 넣은 다음 새송이버섯보다 좀 더 길게 썰어 **소고기 양념**에 버무려 잠시 재워 두고,

**어드바이스** 완성한 다음 잣가루를 뿌려내면 좋아요.

**4** 꼬치에 번갈아 꽂아 240℃로 예열한 오븐 상단에 넣어 5분 정도 굽다가 뒤집어 5분 더 굽고 마무리.

**재료준비** 2인분

**주재료** 식빵(2장), 바나나(1개)
**부재료** 다진 호두(4), 다진 피스타치오(2)
**양념** 땅콩버터(2), 버터(2), 황설탕(1), 레몬즙(0.5), 계피가루(0.5), 생강가루(0.2)

## 좋은 머리 바나나토스트

호두를 많이 먹으면 머리가 좋아진다죠? 한 쪽만 먹어도 든든한 바나나토스트를 먹고 머리 굴려보아요~

**어드바이스** 땅콩버터는 씹히는 것이 없는 크리미를 이용하세요.

**1** 식빵(2장)에 땅콩버터(2) 바르고,

**2** 바나나(1개) 썰어 올리고,

**어드바이스** 피스타치오는 겉껍질이 딱딱하고, 속이 녹색 빛을 띠는 견과류예요. 슈퍼에서 구입할 수 있어요.

**3** 다진 호두(4), 다진 피스타치오(2), 실온에 있던 버터(2), 황설탕(1), 레몬즙(0.5), 계피가루(0.5), 생강가루(0.2) 섞어 올리고,

**4** 190℃로 예열한 오븐 중간 단에 넣어 15분 정도 굽고 마무리.

## 피자햇 포테이토스킨

 **재료준비** 2인분

**주재료** 감자(2개), 올리브오일,
**부재료** 베이컨(1장), 체다치즈(1장분), 모짜렐라치즈(4)
**소스** 사워크림 또는 플레인 요구르트

플레인 요구르트 = http://easiyo.co.kr에서 구입
사워크림 = http://tacohouse.co.kr에서 구입

유명 패밀리 레스토랑에서 비싸게 사 먹는 포테이토스킨을 집에서 즐기세요. **사워크림을 찍어 먹으면 좋은데, 사워크림은 생크림으로 요구르트를 만든 맛이라고 생각하시면 돼요.** 타코하우스(tacohouse.co.kr)에서 구입할 수 있는데, 없으면 그냥 플레인 요구르트를 찍어 먹어도 돼요.

**1** 감자(2개)는 4등분해서 김이 오른 찜통에 20분 정도 찌고, 뜨거울 때 속을 파낸 다음,

**2** 감자에 올리브오일을 스프레이로 뿌리거나 바르고,

**3** 210℃로 예열한 오븐 상단에 넣어 20분 정도 굽고,

**4** 베이컨(1장)은 잘게 썰어 마른 팬에 바삭하게 굽고, 구운 감자에 체다치즈(1장분), 모짜렐라치즈(4), 구운 베이컨을 올린 다음 210℃로 예열한 오븐 상단에 넣어 7분 정도 굽고 마무리.

**재료준비** 2인분

**주재료** 알감자(10개)
**삶는 물** 물(3컵), 굵은소금(0.5)
**양념** 버터(2), 식용유(1),
   고운소금(0.5), 후춧가루(0.3)
**장식** 파슬리가루

# 휴게소 감자 리졸레포테이토

리졸레(rissoler)는 '색깔을 낸다' 는 뜻이에요.
삶은 감자를 버터에 구워 황금색을 내는 거죠.
우리나라에서는 휴게소에서 많이 볼 수 있지요.

**1** 알감자(10개)는 필러로 껍질을 벗겨 찬물에 담가두었다가,

**어드바이스** 큰 감자는 스쿠프를 이용해서 동그랗게 파내도 돼요.

**2** 찬물(3컵)에 굵은소금(0.5)과 알감자를 넣어 10분 정도 삶은 다음 물을 따라 버리고,

로 크루제 원형 주물 냄비 (18cm)

**3** 약불에서 포슬포슬 수분을 날리고,

**어드바이스** 파슬리가루를 뿌려 장식해요.

**4** 버터(2)와 식용유(1) 두른 팬에 삶은 알감자를 넣어 황금색이 되도록 굽고, 고운소금(0.5), 후춧가루(0.3) 뿌려 간하고 마무리.

## 화끈한 펜네 포르노

포르노(forno)는 '화덕'을 뜻하는 이탈리아어죠. 펜네는 펜촉처럼 생긴 파스타이고요.
펜네가 없으면 보통 스파게티를 사용해도 상관없어요.

### 재료준비 2인분

**주재료** 펜네(2인분=180g)
**부재료** 베이컨(6장), 양송이버섯(10개)
**삶는 물** 물(5컵), 굵은소금(1)
**양념** 올리브오일(2), 다진 양파(½개), 다진 마늘(1), 다진 마른 고추(1개), 화이트와인(2), 토마토홀(1캔=411g), 펜네 삶은 물(½컵), 고운소금(0.4), 파마산치즈가루(2), 후춧가루(0.3), 버터(1), 다진 바질(1), 모짜렐라치즈(2줌), 파슬리가루(1)

**1** 끓는 물(5컵)에 굵은소금(1), 펜네(2인분=180g) 넣어 10분 정도 삶아 체에 밭쳐 물기 빼고,

**2** 올리브오일(2) 두른 팬에 다진 양파(½개), 다진 마늘(1), 다진 마른 고추(1개) 넣어 볶다가,

**3** 베이컨(6장), 양송이버섯(10개) 썰어 넣어 볶고, 화이트와인(2) 넣어 잡내를 날린 다음,

*어드바이스* 화이트와인이 없으면 맛술을 넣어도 상관없어요.

**4** 토마토홀(1캔=411g), 펜네 삶은 물(½컵), 삶은 펜네를 넣어 3분 정도 끓이면서,

**5** 고운소금(0.4), 파마산치즈가루(2), 후춧가루(0.3), 버터(1), 다진 바질(1) 넣어 간하고,

**6** 오븐 용기 2개에 나눠 담은 다음 모짜렐라치즈(1줌씩), 파슬리가루(0.5씩) 올리고, 240℃로 예열한 오븐 중간 단에 넣어 7분 정도 굽고 마무리.

*어드바이스* 취향에 따라 파마산치즈가루, 핫소스를 뿌려 먹어요.

### 요리노트

**바질(basil)**
바질은 이탈리아 요리에 많이 사용되는 허브인데 특유의 향이 토마토소스와 잘 어울려요.

# 부드러운 감자그라탱

감자그라탱은 식빵에 얹어 먹으면 맛나요.
한 끼 식사로도 충분합니다.

### 재료준비 1인분

**주재료** 감자(1개), 다진 양파(½개), 다진 마늘(1),
베이컨(2장), 양송이버섯(2개)
**베샤멜소스** 버터(1.5), 밀가루(1.5), 뜨거운 우유(1컵),
고운소금(0.2), 후춧가루(0.1)
**양념** 올리브오일(1), 고운소금(0.2), 후춧가루(0.1),
모짜렐라·치즈(1줌), 체다치즈(½장),
파마산치즈가루(1)

**1** 감자(1개)는 잘게 썰어 20분 정도 삶은 다음 물을 따라 버리고 더 볶아 보슬보슬하게 만들어두고,

 베샤멜소스

**2** 버터(1.5) 녹인 팬에 불을 끄고 밀가루(1.5)를 조금씩 넣으면서 섞고, 다시 약불로 1분 정도 볶다가 뜨거운 우유(1컵) 부으면서 2분 정도 끓여 묽은 수프 농도가 되면 고운소금(0.2), 후춧가루(0.1) 뿌려 베샤멜소스를 만들고,

**3** 삶은 감자를 베샤멜소스에 넣어 버무린 다음 그라탱 그릇에 담고,

**4** 올리브오일(1) 두른 팬에 다진 양파(¼개), 다진 마늘(1), 베이컨(2장), 양송이버섯(2개) 순으로 넣어 볶다가 고운소금(0.2), 후춧가루(0.1)로 간한 다음 그라탱 그릇에 또 담고,

**5** 모짜렐라치즈(1줌), 체다치즈(½장), 파마산치즈가루(1) 올려서,

**6** 200℃로 예열한 오븐 중간 단에 넣어 10분 정도 굽고 마무리.

## 여름에는 가지그라탱

여름에는 가지그라탱을 즐겨요. **가지와 함께 삶은 감자, 새송이버섯, 라자냐 같은 것들을 넣어도 좋지요.**

**재료준비 2인분**

**주재료** 가지(2개), 굵은소금(0.6), 모짜렐라치즈, 버터
**미트소스** 올리브오일(2), 다진 마늘(0.5), 다진 양파(⅓개), 다진 소고기(⅓컵), 토마토홀(과육 2개와 소스), 월계수잎(1장), 바질(4잎), 고운소금(0.5), 후춧가루(0.3)
**베샤멜소스** 버터(3), 밀가루(3), 뜨거운 우유(1과 ⅔컵), 고운소금(0.5), 후춧가루(0.3)

**1** 가지(2개)는 각각 길이로 6등분해서 굵은소금(0.1씩) 뿌려 절였다가 물기를 짠 다음 마른 팬에 올려 약불에서 뒤집어가며 15분 정도 구워놓고,

**미트소스**

**2** 올리브오일(2) 두른 팬에 다진 마늘(0.5), 양파(⅓개), 소고기(⅓컵) 넣어 볶다가, 토마토홀(과육 2개와 소스)을 으깨서 넣고 월계수잎(1장), 바질(4잎) 넣어 은근히 끓이다가 고운소금(0.5), 후춧가루(0.3) 넣어 미트소스를 만들고,

**베샤멜소스**

**3** 버터(3) 녹인 팬에 불을 끄고 밀가루(3)를 조금씩 넣으면서 섞고, 다시 약불로 1분 정도 볶다가 뜨거운 우유(1과 ⅔컵) 부으면서 2분 정도 끓여 묽은 수프 농도가 되면 고운소금(0.5), 후춧가루(0.3) 뿌려 베샤멜소스를 만들고,

**4** 각각의 그라탱 그릇(2pcs)에 버터를 바른 다음 구운 가지 - 미트소스 - 베샤멜소스 - 모짜렐라치즈 순으로 반복하며 3단으로 올리고, 200℃로 예열한 오븐 중간 단에 넣어 15~20분 정도 굽고 마무리.

## 재료준비 2인분

**주재료** 또띠아(지름 23cm 2장), 체다치즈(5장), 다진 모짜렐라치즈(1과 ½컵)
**부재료** 피망(½개), 방울토마토(3개), 블랙올리브(3개), 스위트콘(1)
**피자소스** 올리브오일(2), 다진 양파(½개), 다진 베이컨(2), 다진 마늘(0.5), 케첩(4), 물(4), 월계수잎(1장), 오레가노가루(0.3), 후춧가루(0.2)

## 더블치즈 또띠아피자

또띠아(23cm)는 이마트 냉동 만두 코너에서 구입할 수 있어요.
먹다 남은 피자는 밀폐용기에 담아 냉장 보관했다가 전자레인지에 30초 정도 돌리거나 해동한 다음 오븐에 다시 구워 먹으면 좋아요.

### 피자소스

**1** 올리브오일(2) 두른 냄비에 다진 양파(½개), 다진 베이컨(2), 다진 마늘(0.5) 넣어 볶다가 케첩(4), 물(4), 월계수잎(1장), 오레가노가루(0.3), 후춧가루(0.2) 넣고 졸여서 피자소스를 만들어두고,

**2** 또띠아(1장)에 체다치즈(5장) 올린 다음,

**3** 또띠아를 한 장 더 덮은 위에 피자소스를 바르고, 다진 모짜렐라치즈(1컵) 올리고,

**어드바이스** 취향에 따라 파마산치즈가루, 핫소스를 뿌려 먹어요.

**4** 피망(½개), 방울토마토(3개), 블랙올리브(3개), 스위트콘(1) 올린 다음 모짜렐라치즈(½컵) 더 뿌리고, 200℃로 예열한 오븐에 15분 정도 굽고 마무리.

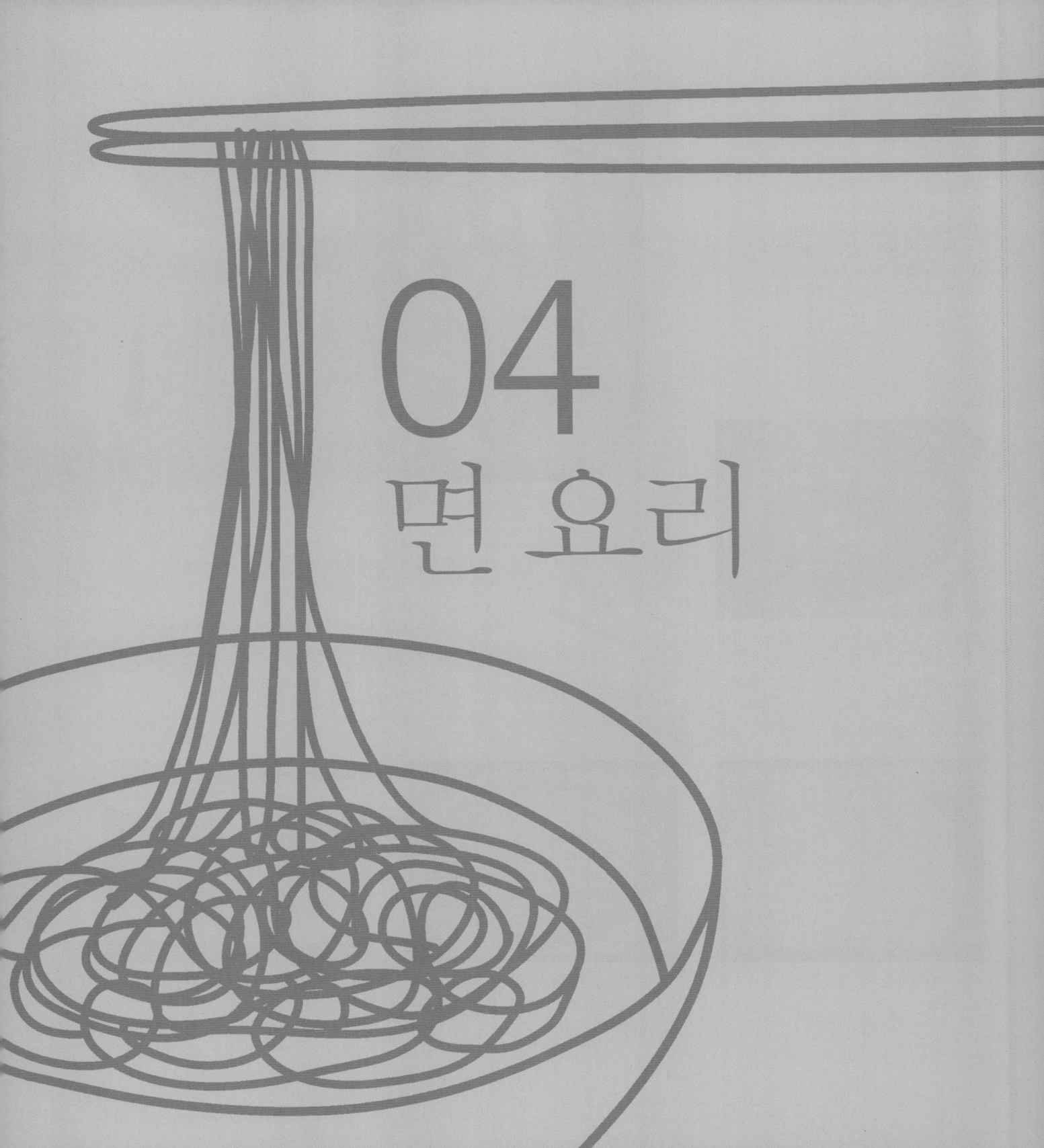

나무에게 밥상 2

베어터스 바흐 아시아
시리얼 볼 블랙(15cm)

## 개운한 홍합칼국수

찬바람이 부는 날에는
따끈하고, 개운하게 끓인
칼국수 한 그릇이면
그만이죠. 홍합칼국수는 홍합이
간간해서 소금 간을 적게 하는 것이
포인트예요.

### 재료준비 1인분

**주재료** 홍합(20개), 칼국수(생면 1인분), 물(4컵)
**부재료** 다진 미역(1), 붉은고추(½개)
**양념** 참기름(1), 다진 마늘(0.5),
고운소금(0.2), 후춧가루(0.2)

1 홍합(20개)은 수염을 아래로 잡아당겨 떼어내고,

2 철수세미로 껍질을 닦아 깨끗한 물에 씻고,
바위에 붙어 사는 홍합은 따로 해감할 필요는 없고 끓인 다음 여과지에 불순물을 걸러주면 돼요.

3 물(4컵)에 손질한 홍합을 넣어 5분 정도 끓이고,

4 참기름(1) 두른 냄비에 다진 미역(1), 다진 마늘(0.5) 넣어 볶다가,

### 요리노트

#### 칼국수 생면 만들기

1 밀가루(2컵), 물(½컵), 식용유(1), 고운소금(0.5)을 섞어 반죽하고,

2 비닐 덮어 10분 정도 냉장 보관했다가 밀대로 밀어 쌀가루를 바른 다음,

3 반죽을 접어서 칼로 썰어 칼국수 생면 2인분을 만들어요.

반죽하는 요령은 위 분량대로 넣어 치대다가 뻑뻑하면 손에 물을 좀 묻혀서 더 반죽하고, 걸쭉하면 밀가루를 손에 묻혀 치대요. 상태는 아이 엉덩이 살 정도의 탄력이면 돼요.

5 홍합 끓인 물을 여과지에 걸러 볶은 미역에 부어 끓이고,
이마트에서 파는 일회용 여과지를 사용하면 깔끔하면서도 편해요.

**어드바이스**
밀가루가 묻은 칼국수는 물에 한 번 헹궈 넣고, 거품이 생기면 모두 걷어내세요.

6 칼국수(생면 1인분), 홍합살을 넣어 5분 정도 끓이다가 고운소금(0.2), 후춧가루(0.2), 붉은고추(¼개) 넣어주고 마무리.

## 중복날 먹은 닭칼국수

닭칼국수를 할 때는 닭(닭다리 2쪽)을 뼈까지 끓여야 육수가 맛있어요.

하지만 닭뼈가 없을 때는 가슴살(2쪽)이나 안심(4쪽)만 끓여도 먹을 만해요.

### 재료준비 2인분

**칼국수** 밀가루(2컵), 물(½컵), 식용유(1), 고운소금(0.5)
**부재료** 애호박(½개), 대파(1), 붉은고추(½개), 고운소금(0.6)
**양념장** 국간장(4), 고춧가루(2), 다진 파(1), 다진 마늘(0.5), 청양고추(1개), 깨(0.5), 참기름(0.5), 후춧가루(0.3)
**육수** 물(6컵), 닭고기(안심 4쪽), 대파(½대), 마늘(4쪽), 통후추(6알)

**1** 밀가루(2컵), 물(½컵), 식용유(1), 고운소금(0.5) 섞어 반죽하고, 비닐 덮어 10분 정도 냉장 보관했다가 밀대로 밀고 접어서 칼로 썰고.

**2** 국간장(4), 고춧가루(2), 다진 파(1), 다진 마늘(0.5), 다진 청양고추(1개), 깨(0.5), 참기름(0.5), 후춧가루(0.3) 섞어 양념장을 만들어두고,

**3** 물(6컵)에 닭고기(안심 4쪽), 대파(½대), 마늘(4쪽), 통후추(6알) 넣어 40분 정도 끓여 육수를 내고,

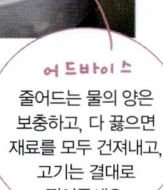

**어드바이스** 줄어드는 물의 양은 보충하고, 다 끓으면 재료를 모두 건져내고, 고기는 결대로 찢어주세요.

**4** 육수가 다시 끓으면 칼국수(생면 2인분), 애호박(½개), 대파(1), 붉은고추(½개), 고운소금(0.6), 삶은 닭고기 살을 넣어 3분 정도 끓이고 마무리.

**어드바이스** 취향에 따라 양념장을 더 넣어 드세요.

초는 식초를 뜻하고, 겨자는 평안도 사투리로 계자라고 해서 초계탕이죠. **화학조미료를 넣지 않고 국물을 내어 맛이 정직하고, 깔끔하답니다.** 동치미 만드는 방법은 『나물이네 밥상』 78쪽을 참조하세요.

### 재료준비 4인분

**주재료** 냉면(4인분)
**고명** 오이(1개), 동치미 무(4조각), 삶은 달걀(2개)
**배합초** 물(1컵) + 식초(½컵) + 설탕(½컵) + 굵은소금(2)
**육수** 물(7컵), 닭고기(안심 8쪽), 대파(1대), 양파(½개), 마늘(7쪽), 통후추(7알)
**양념** 동치미 국물(3컵), 식초(4), 설탕(4), 굵은소금(2), 연겨자(1)

## 정직한 국물 맛 초계탕

**1** 오이(1개)와 동치미 무(4조각)를 썰어 **배합초**에 담가 1시간 정도 절이고,

**2** 물(7컵)에 닭고기(안심 8쪽), 대파(1대), 양파(½개), 마늘(7쪽), 통후추(7알) 넣어 1시간 정도 끓여 육수를 내고,

*어드바이스* 줄어드는 물은 계속 보충해주세요.

**3** 육수를 차게 식힌 다음 여과지에 거른 국물 7컵에 동치미 국물(3컵), 식초(4), 설탕(4), 굵은소금(2), 연겨자(1) 섞어 3시간 정도 냉동 보관해서 살얼음을 만든 다음,

**4** 삶은 냉면(4인분)을 1인분씩 그릇에 담고 살얼음 육수를 나눠 붓고, 절인 오이와 동치미 무를 올리고, 삶은 달걀과 닭고기를 올리고 마무리.

*어드바이스* 취향에 따라 식초, 겨자를 더해서 드세요.

서민을 위해 팍팍 비빈 막국수는 강원도 봉평이 유명하죠. 9월 초 메밀꽃 필 무렵 봉평으로 훌쩍 떠나 섶다리도 건너고, 다양한 메밀 요리에 흠뻑 취해보는 건 어떨까요.

### 재료준비 2인분

**주재료** 메밀국수(2인분)
**고명** 김치(1줌), 설탕(0.5), 참기름(0.5), 깨(0.5),
 오이(½개), 삶은 달걀(1개), 무채(1줌)
**양념장** 고운 고춧가루(2) + 진간장(1) + 고추장(0.5) + 식초(1)
 + 맛술(1) + 설탕(1) + 연겨자(0.3) + 사과즙(1) + 다진 파(0.5)
 + 다진 마늘(0.3) + 생강가루(0.2) + 깨(0.5) + 참기름(0.5)
**배합초** 물(⅓컵) + 식초(⅓컵) + 설탕(⅓컵) + 고운소금(0.5)
**국물** 김치 국물(1컵) + 생수(1컵) + 식초(1) + 설탕(1)

## 더위 막아 막국수

**1** 무채(1줌)는 **배합초**에 담가 절이고, 김치(1줌)는 채 썬 다음 설탕(0.5), 참기름(0.5), 깨(0.5) 넣어 무쳐 냉장 보관하고, 오이(½개)는 채 썰어 찬물에 담가두고,

**어드바이스**
김치 국물은 배추김치, 나박김치, 동치미 국물 중에 택일하세요.

**2** 맑은 김치 국물(1컵)에 생수(1컵), 식초(1), 설탕(1)을 섞어 3시간 정도 냉동 보관해서 살얼음 국물을 만들고,

**3** 메밀국수(2인분)를 끓는 물에 3분 정도 삶아 찬물에 헹구고,

**어드바이스**
사과가 없으면 배즙이나 양파즙을 양념장에 넣어주세요.

**4** **양념장**을 넣고 비벼 그릇에 담아 김치, 무채, 오이, 삶은 달걀(½씩)을 올린 다음 살얼음 국물을 부어주고 마무리.

쌈 채소들이 많을 때 빛을 발하는 신선한 요리는 쟁반국수만 한 것이 없죠. 옹기종기 둘러앉아 후루룩후루룩~

### 재료준비 2인분

**주재료** 메밀국수(1인분=100g)
**부재료** 상추(1줌), 깻잎(1줌), 치커리(1줌),
　　　　 오이(1줌), 당근(1줌), 삶은 달걀(1개)
**육수** 물(2컵), 닭고기(가슴살 1쪽),
　　　 대파(10cm 길이 1대), 마늘(2쪽), 통후추(5알)
**양념장** 육수(⅔컵) + 사이다(½컵) + 고춧가루(2) + 고추장(1)
　　　　 + 2배식초(2) + 다진 사과(0.5) + 다진 양파(0.5)
　　　　 + 다진 땅콩(0.5) + 다진 마늘(0.5) + 진간장(1)
　　　　 + 고운소금(0.5) + 연겨자(0.4) + 뉴슈가(0.3) + 깨(1)
　　　　 + 참기름(1)

## 옹기종기 쟁반국수

**1** 물(2컵)에 닭고기(가슴살 1쪽), 대파(10cm 길이 1대), 마늘(2쪽), 통후추(5알) 넣어 20분 정도 끓인 다음 고운 체에 걸러 육수(⅔컵)를 준비하고,

**2** 분량대로 재료를 섞어 **양념장**을 만든 다음 냉장고에 넣어 1시간 정도 숙성시키고,

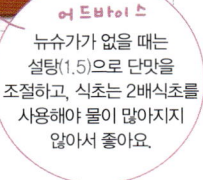

**어드바이스** 뉴슈가가 없을 때는 설탕(1.5)으로 단맛을 조절하고, 식초는 2배식초를 사용해야 물이 많아지지 않아서 좋아요.

**3** 메밀국수(1인분=100g)는 끓는 물에 3분 정도 삶아 찬물에 헹궈두고,

**4** 상추(1줌), 깻잎(1줌), 치커리(1줌), 오이(1줌), 당근(1줌)은 채 썰어 접시에 깔고, 삶은 달걀(1개), 메밀국수, 닭고기를 올린 다음 **양념장**을 뿌리고 마무리.

**어드바이스** 소면, 미역국수, 다시마국수도 같이 비벼 먹으면 좋아요.

### 재료준비 2인분

**촌국수** 밀가루(1과 3/4컵), 볶은 콩가루(1/2컵), 물(1/2컵), 식용유(1), 고운소금(0.5)
**삶는 물** 물(5컵), 굵은소금(1)
**국물** 물(8컵), 국멸치(16마리), 다시마(사방 10cm 1장), 무(1줌), 양파(1/2개), 대파(10cm 길이 1대)
**양념장** 국간장(3), 고춧가루(2), 맛술(1), 다진 청양고추(1개), 송송 썬 실파(2), 다진 마늘(0.5), 생강가루(0.3), 후춧가루(0.2), 깨(0.5), 참기름(1)
**고명** 채 썬 오이(1줌), 채 썬 당근(1줌), 김, 깨
**고명 양념** 굵은소금(0.3), 고운소금(0.6), 식용유

잔치국수와도 냉면과도 김치말이국수와도 맛이 비교가 안 되는 촌국수예요. 굳이 비교하자면 묵사발이랑 비슷하다고 해야 할까요? '밀가루와 콩가루를 거의 같은 비율로 섞어 반죽해서 푹 삶았다가 국수가 물 위에 뜨면 건져서 찬물에 헹구어 식혀 낸다' 해서 '건진국수'라고 하기도 해요.

## 시원한 경상도 촌국수

## 국물 만들기

1 물(8컵)에 국멸치(16마리), 다시마(사방 10cm 1장), 무(1줌), 양파(⅓개), 대파(10cm 길이 1대)를 넣어 20분 정도 끓인 다음 여과지에 거르고,

2 밀폐용기에 담아 3시간 정도 냉동 보관해서 살얼음 국물을 만들고,

## 양념장 만들기

3 국간장(3), 고춧가루(2), 맛술(1), 다진 청양고추(1개), 송송 썬 실파(2), 다진 마늘(0.5), 생강가루(0.3), 후춧가루(0.2), 깨(0.5), 참기름(1) 섞어 양념장을 만들고,

## 고명 만들기

4 채 썬 오이(1줌)에 굵은소금(0.3) 뿌려 절였다가 물기 꼭 짜고, 채 썬 당근(1줌)은 식용유에 볶아 고운소금(0.3) 뿌려 식히고, 국물 만들 때 삶은 무(1줌)도 채 썰어 고운소금(0.3) 뿌려 간해두고,

## 촌국수 만들기

**어드바이스** 날콩가루를 사용할 경우에는 밀가루 1과 ½컵, 날콩가루 ½컵을 섞으세요.

5 밀가루(1과 ⅔컵), 볶은 콩가루(⅓컵), 물(½컵), 식용유(1), 고운소금(0.5) 섞어 치대면서 반죽하고, 랩으로 싸서 냉장고에 넣어 30분 정도 숙성시킨 다음,

6 숙성된 반죽을 밀대로 밀고, 밀가루 뿌리면서 접어서 칼로 썰어 촌국수를 만들고,

**어드바이스** 촌국수를 만들기 귀찮으면 그냥 소면이나 중면, 메밀면을 삶아서 이용해도 좋아요.

7 끓는 물(5컵)에 굵은소금(1), 촌국수(2인분)를 넣어 3분 정도 삶아 찬물에 헹궈 양푼에 담고,

8 준비한 고명(당근, 오이, 무, 김, 살짝 간 깨)을 올리고,

**어드바이스** 고명으로 참나물, 시금치나물, 숙주나물 같은 것을 올려도 좋아요.

9 양념장도 올린 다음 살얼음 국물을 부어주고 마무리.

**어드바이스** 양념장으로 빨갛게 간을 맞추고, 모자란 간은 국간장으로 하세요.

## 알리오 올리오 페페론치노

알리오(aglio)는 마늘을 뜻하고, 올리오(olio)는 올리브오일을 뜻해요. 페페론치노(peperoncino)는 이탈리아 매운 고추를 뜻하죠. 페페론치노가 없으면 말린 청양고추를 이용해도 상관없어요. **페페론치노 파스타는 일반 스파게티보다 가는 카펠리니(capellini)를 이용해서 만들어야 좋은데 카펠리니는 소면 같은 파스타예요.** 없으면 그냥 스파게티 면을 이용하면 돼요.

### 재료준비 1인분

**주재료** 스파게티(1인분=100g), 올리브오일(3), 마늘(3쪽), 페페론치노(2cm 길이 3개)
**삶는 물** 물(5컵), 굵은소금(1)
**양념** 고운소금(0.4), 후춧가루(0.3), 스파게티 삶은 물(⅓컵), 파마산치즈가루(1), 파슬리가루(1)

---

**1** 끓는 물(5컵)에 굵은소금(1), 스파게티(1인분=100g) 넣어 8분 정도 삶은 다음 체에 밭쳐 올리브오일을 뿌려 버무려두고,
*소면 같은 스파게티, 카펠리니로 할 경우는 2분 정도만 삶아요.*

**어드바이스** 구운 마늘을 건져냈다가 완성된 파스타에 뿌리면 더욱 바삭하고 맛나요.

**2** 올리브오일(3) 두른 팬에 마늘(3쪽)을 40초 정도 볶다가 페페론치노(2cm 길이 3개)를 넣어 30초 정도 더 볶고,

**어드바이스** 취향에 따라 엑스트라버진 올리브오일을 더 뿌려 먹어요.

**3** 삶은 스파게티, 고운소금(0.4), 후춧가루(0.3), 스파게티 삶은 물(⅓컵)을 넣어 1분 정도 졸이고, 접시에 담아 파마산치즈가루(1), 파슬리가루(1) 뿌리고 마무리.

## 재료준비 2인분

**주재료** 스파게티(2인분=160g), 양파(½개), 베이컨(4장)
**삶는 물** 물(10컵), 굵은소금(2)
**양념** 버터(2), 생크림(1컵), 우유(1컵), 고운소금(0.4), 후춧가루(0.2), 달걀(노른자 1개), 파마산치즈가루(2), 파슬리가루(1)

생크림은 단맛이 없는 무가당 생크림을 사용하셔야 합니다. **마트에서 휘핑크림 또는 토핑크림이라고 되어 있는 것 말고, 생크림이라고 되어 있는 제품을 이용하세요.**

## 까르륵 까르보나라

**1** 끓는 물(10컵)에 굵은소금(2), 스파게티(2인분=160g) 넣어 8분 정도 삶는 동안,

**어드바이스** 삶은 스파게티 면은 찬물에 헹구지 말고, 체에 밭쳐 올리브오일을 뿌려 버무려두세요.

**2** 버터(2) 녹인 팬에 양파(½개), 베이컨(4장) 넣어 볶다가,

**어드바이스** 마늘(4쪽), 브로콜리(1줌), 새우(중하 6마리)도 같이 넣어 볶아주면 알프레도파스타가 돼요.

**3** 생크림(1컵), 우유(1컵) 넣어 중불에서 1분 정도 졸인 다음 고운소금(0.4), 후춧가루(0.2) 넣어 간하고,

**4** 삶은 스파게티 넣어 간이 배도록 버무린 다음 불을 끄고, 파마산치즈가루(2) 뿌리고, 달걀(노른자 1개) 넣고 남은 열에 익도록 휘저어 섞은 뒤 접시에 담아 파슬리가루(0.5씩) 뿌리고 마무리.

Part 4 나물이네 면 요리 173

월계수잎은 서양 요리를 할 때 넣어주면 그 특유의 향으로 잡내를 없애고 좋은 향을 첨가하는 역할을 하죠. 꼭 서양 요리를 할 때만 사용해야 하는 것은 아니고, 한식이나 중식, 일식을 만들 때 향신 채소를 사용하는 경우는 월계수잎도 같이 넣어주면 좋아요.

저렴한 가지 하나로 특별한 스파게티를 만들어요. 가지와 미트소스가 참 잘 어울리거든요. **토마토홀**을 이용하면 손쉽게 만들 수 있고, **바질을 곁들이면 장식 효과와 풍미가 더해져서 좋답니다.** 바질은 취미 삼아 집에서 작은 화분에 재배하는데, 스파게티 먹을 때 바질의 씹히는 향이 개운하게 양치한 느낌을 주더라고요.

# 미트소스 가지 스파게티

### 재료준비 2인분

**주재료** 스파게티(2인분=160g), 가지(1개),
　　　　굵은소금(0.3), 올리브오일(1)
**미트소스** 올리브오일(1), 다진 마늘(1쪽),
　　　　다진 양파(½개), 다진 소고기(⅓컵),
　　　　토마토홀(1캔=411g), 월계수잎(1장),
　　　　바질(4잎), 스파게티 삶은 물(⅓컵)
**양념** 고운소금(0.4), 후춧가루(0.3)

### 요리 노트

#### 바질(basil)
바질은 이탈리아 요리에 많이 사용되는 허브인데 특유의 향이 토마토소스와 잘 어울려요.

#### 바질 길러 먹기
유명 백화점의 식품 코너에서 구입할 수 있는데 너무 비싸서 저는 씨앗을 구입해 길러 먹어요. 씨앗은 종로5가 지하철역 8번 출구에 위치한 종묘상가나 인터넷 쇼핑몰(http://asia seed.co.kr/)에서 구입할 수 있지요.

1 봄가을에 씨앗을 뿌리고, 매일 물을 주면 일주일 정도 지나 떡잎이 나와요.

2 2개월 지나 10cm 정도 자라고 나면 일년 내내 먹을 수 있죠.

3 어느 정도 크면 주황색으로 표시되어 있는 부분을 잘라내세요.

4 양쪽에서 새로운 싹이 나와서 풍성해져요.

**1** 가지(1개)는 길이로 4등분한 다음 가로로 3등분해서 굵은소금(0.3) 뿌려 절이고,

**2** 마른 팬에 가지를 넣고 약불에 구워 수분을 날린 다음 올리브오일(1) 둘러 노릇하게 볶아두고,

**3** 올리브오일(1) 두른 팬에 다진 마늘(1쪽), 다진 양파(½개), 다진 소고기(⅓컵) 넣어 볶다가,

**4** 토마토홀(1캔=411g)을 넣어 으깨고, 월계수잎(1장), 스파게티 삶은 물(⅓컵) 넣어 졸이고,

**5** 볶은 가지와 바질(4잎)을 넣어 끓이다가 고운소금(0.4), 후춧가루(0.3) 넣어 간하고,

**6** 삶은 스파게티(2인분=160g)를 넣어 버무리고 마무리.

## 안심하고 로지스파게티

닭고기 안심하고 먹는 로지소스 스파게티는 토마토소스와 크림소스를 섞어 느끼하지 않아 많은 사람들이 좋아하는 맛이죠.

### 재료준비 2인분

**주재료** 스파게티(2인분=160g), 닭고기(안심 4쪽=140g)
**삶는 물** 물(10컵), 굵은소금(2)
**양념** 올리브오일(2), 다진 양파(⅓개), 다진 마늘(1), 마른 고추(1개), 다진 바질(2), 오레가노(0.4), 화이트와인(4), 스파게티 삶은 물(⅓컵), 토마토홀(1캔=411g), 생크림(1컵), 파마산치즈가루(2), 고운소금(0.5), 후춧가루(0.3)

**1** 끓는 물(10컵)에 굵은소금(2), 스파게티(2인분=160g)를 넣어 7분 정도 삶아 체에 밭쳐 물기 빼고,

**2** 올리브오일(2) 두른 팬에 다진 양파(⅓개), 다진 마늘(1), 마른 고추(1개) 넣어 볶다가,

**어드바이스**
바질, 오레가노, 파슬리 중에 하나만 넣어도 상관없어요.

**3** 닭고기(안심 4쪽=140g), 다진 바질(2), 오레가노(0.4) 넣어 볶고,

**4** 화이트와인(4) 넣어 잡내를 날린 다음,

### 요리노트

**생크림**

요리에 사용하는 생크림은 설탕이 첨가되지 않은 무가당을 이용해야 돼요. 마트에서 구입할 수 있고, 사용하고 남은 것은 냉동 보관하세요.

**오레가노**

오레가노는 박하 맛이 나면서 약간 맵고, 쌉쌀한 맛이 나는 허브인데 주로 토마토소스에 넣어 풍미를 좋게 해요. 마트의 허브 파는 코너에서 말린 오레가노를 구입하면 됩니다.

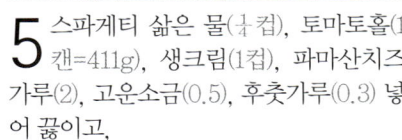

**5** 스파게티 삶은 물(⅓컵), 토마토홀(1캔=411g), 생크림(1컵), 파마산치즈가루(2), 고운소금(0.5), 후춧가루(0.3) 넣어 끓이고,

**6** 삶은 스파게티를 넣어 고루 버무리고 마무리.

## 특별한 날 안초비 스파게티

안초비(anchovy)는 홈에버에서 구입했어요. 이탈리아 소스 수입 코너를 한참 구경하다가 "음… 언젠간 나도 안초비를 맛볼 테야~" 하면서 장만했었죠. 통조림이라 오래오래 두어도 되니까요. 안초비는 멸치를 소금과 올리브오일에 절여 발효시킨 서양의 멸치젓갈이라고 생각하시면 돼요. 스파게티의 간을 맞추는 역할을 한답니다.

## 재료준비 2인분

**주재료** 스파게티(2인분=160g), 토마토(1개)
**부재료** 올리브오일(4), 마른 고추(1개), 마늘(3쪽), 다진 양파(½개)
**삶는 물** 물(10컵), 굵은소금(2)
**양념** 다진 안초비(6마리), 토마토소스(2국자), 바질(1줌), 피자치즈(2줌)

### 요리 노트

**토마토 캔**

토마토 캔은 Hunt's 제품을 주로 사용하는데 400g 정도 되는 작은 크기의 캔을 구입해놓으면 한 번 해먹을 분량으로 적당해요. 캔을 개봉해서 사용하고 남은 것은 밀폐용기에 넣어 냉동 보관을 하세요.

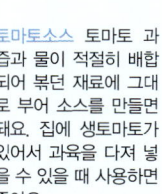 **토마토소스** 토마토 과즙과 물이 적절히 배합되어 볶던 재료에 그대로 부어 소스를 만들면 돼요. 집에 생토마토가 있어서 과육을 다져 넣을 수 있을 때 사용하면 좋아요.

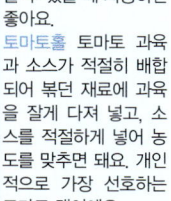 **토마토홀** 토마토 과육과 소스가 적절히 배합되어 볶던 재료에 과육을 잘게 다져 넣고, 소스를 적절하게 넣어 농도를 맞추면 돼요. 개인적으로 가장 선호하는 토마토 캔이에요.

**토마토페이스트** 토마토 과즙에 향신료를 넣어 만든 농축액으로 페이스트를 사용할 때는 닭 육수나 해물 육수를 섞어 농도를 맞춰야 해요. 많은 양의 토마토소스를 만들 때 적절하지요.

**1** 토마토(1개)는 칼집 넣어 살짝 데쳐 껍질 벗겨서 듬성듬성 다지고,

**2** 끓는 물(10컵)에 굵은소금(2), 스파게티(2인분=160g) 넣어 8분 정도 삶는 동안,

**3** 올리브오일(4) 두른 팬에 마른 고추(1개), 마늘(3쪽) 넣어 갈색이 되도록 볶아 향을 내고,

**4** 다진 양파(½개), 다진 안초비(6마리) 넣어 볶고,

*어드바이스* 안초비가 없을 때는 명란젓으로 간을 해도 좋아요.

**5** 듬성듬성 다진 토마토, 토마토소스(2국자), 바질(1줌) 넣어 끓이고,

*어드바이스* 토마토소스 대신 토마토홀을 사용해도 상관없어요.

**6** 삶은 스파게티, 피자치즈(2줌) 넣어 버무리고 마무리.

*어드바이스* 모자라는 간은 파마산 치즈가루를 뿌려 먹으면 맛있어요.

베어터 스바하
종지체리(12cm)

간무즙
무를 갈아 즙을 버리고
건지만 사용해요.

## 자루소바 메밀국수

여름이면 장국(쯔유)을 많이 만들어 냉장고에 보관하죠. **입맛 없을 때 요긴하게 쓰이거든요. 메밀국수는 건면을 준비해두면 매일 사먹지 않아도 여름을 즐겁게 보낼 수 있어요.** 장국에 메밀국수 대신 도토리묵을 썰어 넣어 먹어도 별미예요.

**재료준비** 장국 = 8~10인분

**주재료** 메밀국수, 얼음
**장국(쯔유)** 물(7컵), 맛술(1컵), 국멸치(20마리), 다시마(사방 10cm 2장), 마른 표고버섯(2개), 가쓰오부시(4줌=20g), 진간장(2컵), 설탕($\frac{1}{2}$컵), 혼다시(0.5)
**고명** 송송 썬 실파(1), 채 썬 김(1), 간 무(1), 고추냉이(0.3)

1 물(7컵)에 맛술(1컵), 국멸치(20마리), 다시마(사방 10cm 2장), 마른 표고버섯(2개)을 넣어 10분 정도 끓이다가 다시마는 건져낸 다음 5분 정도 더 끓이고,

2 불을 끈 다음 가쓰오부시(4줌=20g) 넣어 10분 정도 우려내고,

• 요리노트

**가쓰오부시**

가쓰오부시는 가다랑어를 말려 얇게 포를 뜬 것인데 마트의 일본 식재료 파는 코너에서 구입할 수 있어요.

**혼다시**

혼다시는 가쓰오부시 다시다인데 국물에 조금만 넣어도 가쓰오부시의 감칠맛을 낼 수 있어요. 그러나 많이 사용하면 인위적인 맛이 나니까 소량만 사용하거나 가쓰오부시만 사용하는 것이 좋아요.

**쯔유**

일본에서 시제품으로 나오는 쯔유(장국)예요. 장국을 만들어 먹을 여력이 되지 못할 때 사용해요. 하지만 직접 만들어 먹는 게 제일 맛이 좋죠.

3 여과지에 걸러 맑은 국물만 받아서 냄비에 다시 담고,

4 진간장(2컵), 설탕($\frac{1}{2}$컵), 혼다시(0.5) 넣어 한 번 끓인 다음 차게 식혀 장국을 만들고,

어드바이스 : 혼다시는 가쓰오부시 맛이 나는 일본 조미료인데 없으면 안 넣어도 상관없어요.

5 장국($\frac{1}{2}$컵)에 대충 간 얼음(1컵)을 넣어 희석해서 메밀장국(1인분)을 만들어놓고,

어드바이스 : 간 무(1)와 고추냉이(0.3)를 곁들여 먹어요.

6 메밀국수(1인분)는 끓는 물에 3분 정도 삶아 찬물에 헹구면서 타래를 지어 접시에 담고, 송송 썬 실파(1), 채 썬 김(1) 올리고 마무리.

↪ 베어터 스바하 면기

# 오동통통 유부우동

가께소바(우동)에 유부를 얹어주는 것을 기쯔네소바(유부우동)라고 해요.
기쯔네는 '여우'를 뜻하는데, 유부의 색이 여우 털과 비슷해서
그렇게 부른다고 하는군요.

## 재료준비 1인분

**주재료(1인분)** 생우동(1인분), 유부(2장), 어묵(1개), 표고버섯(1개), 대파(2cm 길이 1대), 쑥갓(1줌)

**우동소스(8인분)** 물(7컵), 맛술(1컵), 국멸치(20마리), 다시마(사방 10cm 2장), 마른 표고버섯(2개), 마른 고추(2개), 무(4줌=4덩어리), 통후추(10알), 가쓰오부시(4줌), 진간장(1컵), 혼다시(1), 고운소금(1)

**우동 국물(1인분)** 물(2컵), 우동소스(⅔컵)

1 물(7컵)에 맛술(1컵), 국멸치(20마리), 다시마(사방 10cm 2장), 마른 표고버섯(2개), 마른 고추(2개), 무(4줌=4덩어리), 통후추(10알) 넣어 10분 정도 끓이다가 다시마는 건져낸 다음 5분 정도 더 끓이고,

2 불을 끈 다음 가쓰오부시(4줌=20g) 넣어 10분 정도 우려내고,

> **어드바이스**
> 우동소스는 대략 8인분 정도 되는데 우동뿐만 아니라 여러 가지 요리를 할 수 있어요. (요리노트 무조림, 22쪽 어묵국 또는 200쪽 오야코동 참조)

## 요리노트

### 무조림 (2인분)

국물 내는 용도로 사용한 무를 이용해서 무조림 반찬을 만들어요.

1 우동소스 만들 때 사용한 무(4줌=4덩어리)에 물(1컵), 우동소스(⅔컵), 진간장(1), 설탕(1)을 넣어 끓이고,

2 포일을 냄비 속에 덮어 약불에서 20분 정도 졸이고 마무리. 포일을 덮으면 국물을 일일이 끼얹을 필요가 없어서 좋아요.

3 여과지에 걸러 맑은 국물만 받아서 냄비에 다시 담고,

4 진간장(1컵), 혼다시(1), 고운소금(1)을 넣어 살짝 끓여서 우동소스(8인분) 만들어놓고,

### 칠미

우동에는 칠미를 뿌려 먹으면 좋아요. 칠미는 고춧가루, 검은깨, 참깨, 생강, 마늘, 진피(귤껍질), 산초를 섞어 만든 일본 조미료예요.

5 물(2컵)에 우동소스(⅔컵)를 섞어 끓이다가 생우동(1인분) 넣고,

6 생우동이 풀리면 유부(2장), 어묵(1개), 표고버섯(1개) 넣어 끓이다가 대파(2cm 길이 1대), 쑥갓(1줌) 넣어주고 마무리.

> **어드바이스**
> 유부와 어묵은 뜨거운 물에 한 번 데쳐서 나쁜 기름을 빼주면 좋아요.

카라 얼라운드
파스타 접시

## 볶음우동 야끼소바

181쪽의 장국(쯔유)과 183쪽의 우동소스만 만들어놓으면 여러 가지 요리로 응용이 가능해요. 그중에 하나가 야끼소바의 양념으로 활용할 수 있죠.

## 재료준비 1인분

**주재료** 생우동(1인분=200g)
**부재료** 양배추(2줌), 양파(½개), 가지(½개), 피망(½개), 베이컨(2장)
**양념** 식용유(2), 장국(쯔유 2), 돈가스소스(2), 참기름(0.5), 후춧가루(0.2), 마요네즈(1), 가쓰오부시(½줌)

**1** 양배추(2줌), 양파(½개), 가지(½개), 피망(½개), 베이컨(2장)을 썰어 준비하고, 생우동(1인분=200g), 장국(쯔유), 돈가스소스도 준비하고,

> **어드바이스** 장국(쯔유)을 만드는 방법은 181쪽을 참조하세요.

**2** 식용유(2) 두른 웍에 베이컨, 양파, 양배추, 가지, 피망 순으로 넣어 볶는 동안,

> **어드바이스** 숙주, 죽순, 영콘도 넣어주면 좋아요.

**3** 한쪽에서는 끓는 물에 생우동을 넣어 1분 정도 끓이다가 젓가락으로 흔들어 면이 가닥가닥 풀어지면 체로 건져내고,

**4** 데친 생우동(1인분 200g)에 장국(쯔유 2), 돈가스소스(2) 넣어 간이 배도록 볶다가,

> **어드바이스** 메밀소스 쯔유가 없으면 진간장(1.5), 맛술(0.5), 설탕(0.4)을 넣어주세요.

## 요리노트

### 돈가스소스

돈가스소스는 우리나라에서 나오는 것으로 해도 되는데 일본 소스를 구입하려면 nihonmart.com (니혼마트)에서 타코야끼소스, 야끼소바소스, 돈가스소스 중에 아무 거나 구입해서 사용하면 돼요.

### 가쓰오부시

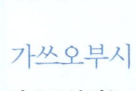

가쓰오부시는 가다랑어를 말려 얇게 포를 뜬 것인데 마트의 일본 식재료 파는 코너에서 구입할 수 있어요.

**5** 참기름(0.5), 후춧가루(0.2) 뿌려 접시에 담고,

**6** 위생 비닐봉지에 마요네즈(1) 담아 젓가락으로 모서리에 구멍을 내고, 약간의 힘을 주며 짜면서 천천히 움직여 뿌리고, 가쓰오부시(½줌) 뿌리고 마무리.

카라멜러시
0.6 liter 볼

## 블랙데이 삼선자장면

4월 14일이면 외로운 싱글들은 자장면을 먹는다죠. 저도 매년 자장면을 해먹는답니다.
예전에 위가 좋을 때는 자장면을 먹어도 상관없었는데 언젠가부터는 소화가 잘 안 되더라고요.
특히 화학조미료를 잔뜩 넣은 자장면은 어흑~ 집에서 원재료의 맛을 살리면서
쌀생면으로 만들어 먹으면 속도 편하고 맛도 좋아요.

### 재료준비 2인분

**주재료** 쌀생면(2인분), 춘장(⅓컵), 식용유(⅓컵),
녹말물(녹말가루 2 + 물 2)
**향신채** 다진 마늘(1), 다진 파(1), 다진 생강(0.3)
**해물** 오징어(1줌), 새우(중하 4마리),
불린 해삼(⅓마리)
**채소** 호박(⅓개), 양송이버섯(2개), 양파(1개)
**양념** 고추기름(1), 식용유(1), 맛술(2), 진간장(1),
설탕(1), 물엿(1), 후춧가루(0.2), 물(2컵)

**어드바이스** 춘장은 기름에 한 번 볶아야 쓴맛이 없어져요.

**1** 식용유(⅓컵)를 끓이다가 춘장(⅓컵) 넣어 1분 정도 볶은 다음 체에 밭쳐 두고,

**2** **해물**과 **채소**, **향신채**를 준비하고, 볶은 춘장과 녹말물(녹말가루 2 + 물 2)도 준비하고,

### 요리노트

#### 자장면에 적합한 면

쌀생면을 끓는 물에 2분 정도 삶아주면 쫄깃하고 위에도 부담이 없어요. 아니면 쫄면을 끓는 물에 5분 정도 삶아 찬물에 살짝 헹궈주면 중화면 맛이 나지요.

**3** 고추기름(1)과 식용유(1) 두른 웍에 다진 마늘(1), 다진 파(1), 다진 생강(0.3) 넣어 볶아 향을 내다가 양파(1개) 넣어 볶고,

**어드바이스** 해삼은 마트에서 냉동 해삼을 구입해서 사용하면 편해요. 돼지고기를 넣으려면 목살을 넣어주세요.

**4** 오징어(1줌), 새우(중하 4마리), 불린 해삼(⅓마리), 호박(⅓개), 양송이버섯(2개) 넣어 볶다가,

#### 고추기름 만들기

고추기름은 고춧가루와 식용유를 1 : 4 비율로 끓이다가 식용유가 끓기 시작하면 고운 체에 걸러 맑고 빨간 기름만 얻어내면 되는데, 이때 생강이나 마늘, 대파 등 등 여러 향신 채소를 넣으면 더욱 좋아요. 시중에서는 고추씨기름, 고추맛기름, 라유라는 이름으로 판매되고 있는데 직접 만든 것보다 매운맛이 강해요.

**5** 맛술(2), 진간장(1), 볶은 춘장(⅓컵), 설탕(1), 물엿(1), 후춧가루(0.2) 넣어 간하고,

**6** 물(2컵) 넣어 끓이다가 녹말물을 넣어 걸쭉하게 하고 마무리.

# 05 스페셜 요리

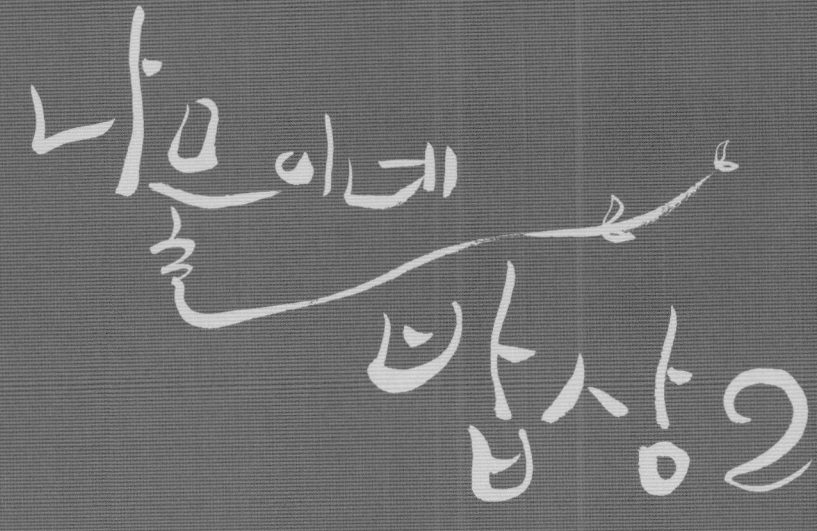

## 새우젓무침과 다시마쌈밥

다시마는 초고추장을 찍어 먹어도 맛있고,
까나리액젓에 청양고추를 썰어 넣어 찍어 먹어도 맛있죠.
여기에 새우젓무침도 한몫하지요.

**재료준비 2인분**

- **주재료** 염장 다시마(60×20cm 1장), 밥(2공기)
- **부재료** 구운 마늘(2쪽), 송송 썬 실파(2), 깨(1)
- **배합초** 식초(2) + 설탕(1) + 고운소금(0.5) + 참기름(0.5)
- **새우젓무침** 새우젓(2), 실파(0.5), 다진 마늘(0.5), 고춧가루(0.5), 식초(0.5), 깨(0.5), 참기름(0.5)

**1** 염장 다시마(60×20cm 1장)는 찬물에 담가 짠맛을 빼고,

**2** 끓는 물에 40초 정도 데쳐 찬물에 헹궈 먹기 좋은 크기로 썰어놓고,

**3** 새우젓(2), 실파(0.5), 다진 마늘(0.5), 고춧가루(0.5), 식초(0.5), 깨(0.5), 참기름(0.5) 넣고 버무려서 새우젓무침을 만들고,

**어드바이스**
참치, 날치알, 해초, 새싹채소를 곁들여 먹어도 좋아요.

**4** 밥(2공기)에 **배합초**를 넣고, 편으로 썰어 참기름에 구운 마늘(2쪽), 송송 썬 실파(2), 깨(1)도 넣고 섞어 한 입 크기로 주먹밥을 만들고 마무리.

**재료준비** 2인분

**주재료** 양배추(⅛개)
**참치쌈장** 참치 캔(5), 고추장(2), 된장(1), 다진 파(1), 다진 마늘(0.5), 설탕(0.5), 깨(0.5), 참기름(0.5)

카라 코 쿤 트레이 (22cm)

# 위에 좋은 양배추 쌈밥

요즘 위가 많이 안 좋아지면서 양배추의 효능을 백 배 느끼고 있지요.

배불리 먹고 속이 편하니까 살 만해요.

**1** 양배추(⅛개)는 뿌리 부분을 잘라낸 다음 한 장씩 떼어내고,

**2** 굵은 줄기 부분도 저며내고,

**3** 김이 오른 찜통에 5~7분 정도 찐 다음 식히고,

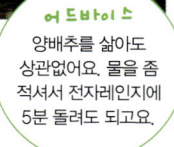

어드바이스
양배추를 삶아도 상관없어요. 물을 좀 적셔서 전자레인지에 5분 돌려도 되고요.

**4** 참치 캔(5), 고추장(2), 된장(1), 다진 파(1), 다진 마늘(0.5), 설탕(0.5), 깨(0.5), 참기름(0.5) 섞은 참치쌈장을 곁들이고 마무리.

카라 베이터 스바하
젓가락 던지

## 피로야 가라 굴밥

간혹 굴을 싫어하는 분들이 있는데, 그런 분들은 바닷가에서 직접 굴을 따서 먹어보면 굴의 참맛을 알게 될 거예요. **짭조름한 바닷물에 간이 되어 그 맛이 환상이거든요. 몸에 좋은 굴밥 먹고 피로야 가라~**

### 재료준비 2인분

**주재료** 쌀(1컵), 물(1컵), 굴(1줌)
**부재료** 무채(1줌), 굵은소금(0.5), 대추(2개)
**달래장** 진간장(4), 송송 썬 달래(3), 참기름(1), 깨(0.5), 고춧가루(0.5)
**소금물** 물(5컵) + 굵은소금(2)

1 쌀(1컵)을 씻어 1시간 정도 불려 체에 밭쳐두고,

2 무채(1줌)에 굵은소금(0.5) 뿌려 절인 다음 물기 꼭 짜고, 대추(2개)는 씨를 뺀 다음 채 썰어두고,

3 뚝배기에 불린 쌀과 물(1컵), 무채, 대추를 넣어 강불에서 끓이다가 가장자리에서 거품이 나오기 시작하면 약불로 줄여 뚜껑을 덮어 은근하게 밥을 짓고,

4 굴(1줌)은 **소금물**에 살살 씻어 체에 밭치고,

### 요리노트

### 매생잇국 (2인분)

1 매생이(2줌)는 가위질을 몇 번 한 다음 체에 밭쳐 여러 번 씻고,

2 참기름(2) 두른 냄비에 넣어 볶다가,

3 물(3컵) 부어 끓이고, 국간장(1), 굴(1줌), 다진 마늘(0.3) 넣어 살짝 끓이고 마무리.

굴밥에는 매생잇국이 잘 어울리는데, 매생이는 겨울에 시장이나 마트에서 잘 찾아보면 있어요. 파래와 비슷한데 머리카락보다도 가는 것이 매생이예요.

5 밥이 지어지면 굴을 넣은 다음 뚜껑을 덮어 약불에서 5분 정도 뜸 들이고 마무리.

**어드바이스** 전기밥솥에 할 경우에는 쌀과 무를 넣어 밥을 짓고, 나중에 굴을 넣어 보온으로 익히세요.

6 진간장(4), 송송 썬 달래(3), 참기름(1), 깨(0.5), 고춧가루(0.5) 섞어 만든 달래장을 곁들여요.

**어드바이스** 달래가 없으면 그냥 다진 파(1)와 다진 마늘(0.5)을 넣으면 돼요.

Part 5 나물이네 스페셜 요리

## 황해도 김치밥

**재료준비** 3~4인분

**주재료** 김치(2줌), 돼지고기(삼겹살 1줌), 쌀(2컵), 물(2컵)
**양념** 식용유(1), 참기름(0.5), 다진 마늘(0.5), 생강가루(0.3), 후춧가루(0.2)
**양념장** 진간장(6), 다진 파(1), 다진 마늘(0.5), 고춧가루(0.5), 후춧가루(0.2), 깨(0.5), 참기름(0.5)

밥만 지으면 한 끼 해결되는 황해도 쪽 음식이에요.
먹고 남은 김치밥은 보온으로 보관하면 냄새가 나니까 따로 냉장 보관했다가 전자레인지에 데워드세요.

**어드바이스** 돼지고기는 취향에 따라 목살을 이용해도 좋고, 아니면 소고기를 넣어도 좋아요.

**1** 물에 살짝 씻은 김치(2줌), 돼지고기(삼겹살 1줌), 식용유(1), 참기름(0.5), 다진 마늘(0.5), 생강가루(0.3), 후춧가루(0.2)를 밥솥에 넣어 조물조물 무치고,

**2** 쌀(2컵)도 씻어 물에 30분 정도 불린 다음 넣어주고,

**3** 물(2컵)도 넣어 전기밥솥에서 밥을 짓는 동안,

**어드바이스** 밥이 다 지어지면 위아래 골고루 잘 섞어주세요.

**4** 진간장(6), 다진 파(1), 다진 마늘(0.5), 고춧가루(0.5), 후춧가루(0.2), 깨(0.5), 참기름(0.5) 섞어 양념장을 만들어 곁들여 내고 마무리.

한 해 일을 잘 하기 위해 정월 대보름에는 오곡밥과 아홉 가지 나물을 먹는데, 구운 김에 나물 올리고 오곡밥 올려 싸 먹는 것을 '복쌈'이라 하고, 정월 대보름에 복쌈을 먹으면 큰 재물을 얻는답니다.

**재료준비** 1~2인분

**주재료** 멥쌀(½컵), 찹쌀(½컵), 수수(⅓컵), 차조(⅓컵), 검은콩(⅓컵), 팥(½컵), 물(1컵), 팥 삶은 물(⅓컵), 고운소금(0.3)

## 정월 대보름 오곡밥

**어드바이스**
곡식은 쌀(멥쌀, 찹쌀)과 잡곡(수수, 차조, 검은콩, 팥)의 비율이 2:1입니다.

1  멥쌀(½컵), 찹쌀(½컵), 수수(⅓컵), 차조(⅓컵) 준비하고, 검은콩(⅓컵)은 물에 6시간 정도 불려 준비해서, 모두 합쳐 일어 씻은 다음 물에 담가 불리고,

**곡식과 물의 비율은**
■ 3~4인분 = 곡식 3컵 : 물 2컵 : 팥 삶은 물 ⅔컵 : 고운소금 0.5
■ 2~3인분 = 곡식 2컵 : 물 1컵 : 팥 삶은 물 ⅔컵 : 고운소금 0.4
■ 1~2인분 = 곡식 1과 ½컵 : 물 1컵 : 팥 삶은 물 ⅓컵 : 고운소금 0.3

2  팥(½컵)에 물(1컵) 부어 끓이다가 우르르 끓으면 첫 물은 버리고, 다시 물(2와 ½컵) 부어 20분 정도 삶은 다음,

**어드바이스**
팥 양의 20배 되는 물을 잡아 끓여요.

3  압력솥에 불린 잡곡과 삶은 팥도 넣고, 물(1컵) 부어주고, 팥 삶은 물(⅓컵)에 고운소금(0.3) 섞어 넣어주고,

4  뚜껑 닫아 중불에서 끓여 추가 올라오면 약불로 줄여 2분 정도 더 끓인 다음 불을 끄고, 추가 다 내려갈 때까지 기다렸다가 뚜껑 열고 마무리.

Part 5 나물이네 스페셜 요리  195

까라 큐뮬러스
사각볼 (21×21cm)

## 바다의 나물 해초비빔밥

우리나라에는 나물비빔밥만 있는 게 아니죠.
바다의 나물 해초비빔밥도 너무나 사랑스러운
먹을거리예요.

**재료준비 2인분**
**주재료** 밥(2인분), 해초(80g), 열빙어알(2)
**초고추장** 고추장(2), 식초(2), 설탕(1),
　　　다진 마늘(1), 깨(0.5), 참기름(0.5)

**1** 마트에서 염장 해초를 구입하고,

**어드바이스**
해초 40g이면 1인분 정도 되고, http://food-pia.cc.kr 에서도 구입할 수 있어요.

**2** 흐르는 물에 여러 번 헹군 다음 짠맛이 빠지도록 찬물에 30분 정도 담가 두고,

**3** 심심하면 종류별로 분리도 해보고, 갈레곰보(녹), 우뭇가사리, 미역, 톳, 갈레곰보(적), 세모가사리, 다시마 그리고 열빙어알(2)을 밥(2인분)에 얹으세요.

**4** 고추장(2), 식초(2), 설탕(1), 다진 마늘(1), 깨(0.5), 참기름(0.5) 섞어 초고추장을 만들어 곁들여 내고 마무리.

설날 다 먹지 못한 떡이 있으면 **해물 국물과 함께 눈 오는 날에 즐겨요.**
고기 국물에서 느끼지 못하던 시원한 맛에 풍덩풍덩 빠져들 거예요.

### 재료준비 2인분

- **주재료** 모시조개(10개), 굴(½컵), 떡(가래떡 300g=4줌)
- **부재료** 대파(4cm 길이 1대), 붉은고추(½개), 부추(½줌)
- **소금물** 물(5컵) + 굵은소금(2)
- **국물** 물(5컵), 다시마(사방 10cm 1장), 건새우(5마리)
- **양념** 국간장(1), 다진 마늘(0.5), 후춧가루(0.2)

## 눈 오는 날 해물떡국

**1** 모시조개(10개)는 **소금물**에 담가 해감을 토하게 하고, 굴(½컵)도 **소금물**에 살살 씻어 준비하고, 떡(가래떡 300g=4줌)은 미지근한 물에 담가 불리고,

> **어드바이스**
> 거품이 생기면 모두 걷어내고, 오징어와 새우를 넣어도 좋아요.

**2** 물(5컵)에 다시마(사방 10cm 1장), 건새우(5마리) 넣어 6분 정도 끓이다가 건져내고, 모시조개를 넣어 입이 벌어지도록 끓이다가 떡과 굴을 넣어 끓이고,

> **어드바이스**
> 그릇에 담아 취향대로 김가루를 추가해서 드세요.

**3** 국간장(1), 다진 마늘(0.5), 후춧가루(0.2) 넣어 간하고, 대파(4cm 길이 1대), 붉은고추(½개), 부추(½줌) 넣고 마무리.

Part 5 나물이네 스페셜 요리 197

## 만드레 곤드레나물밥

### 재료준비 2인분

**주재료** 불린 곤드레나물(3줌), 멥쌀(1컵), 발아현미(½컵), 물(1과 ⅔컵)
**양념장** 국간장(2), 진간장(2), 다진 청양고추(1), 다진 파(1), 다진 마늘(1), 고춧가루(0.5), 깨(1), 참기름(2)

강촌에 바람 쐬러 갔다가 **강원도 특산물 곤드레를 사와서 밥을 지어 먹었는데 담백한 맛이 너무 좋고, 많이 먹어도 속이 편안하더라고요.** 인터넷에서는 http://sanchae.co.kr에서 구입할 수 있어요.

**1** 말린 곤드레나물은 물에 하룻밤 정도 담갔다가 물기 꼭~ 짠 다음 먹기 좋게 썰어 준비하고,

**2** 멥쌀(1컵)과 발아현미(½컵)를 씻어 물에 30분 정도 불린 다음 체에 받쳐 건져내고,

**3** 밥솥에 불린 멥쌀, 발아현미, 곤드레나물(3줌) 넣고, 물(1과 ⅔컵)을 부어 곤드레나물밥을 짓고,

**어드바이스** 곤드레나물에 들기름을 넣어 살짝 무친 다음 쌀에 넣어 밥을 지으면 더욱 좋아요.

**4** 국간장(2), 진간장(2), 다진 청양고추(1), 다진 파(1), 다진 마늘(1), 고춧가루(0.5), 깨(1), 참기름(2) 섞어 양념장을 만들어 곁들여 내고 마무리.

부드러운 달걀과 해물이 만난 중국집 해물볶음밥에 달걀국도 끓여 같이 먹으면 좋아요.

### 재료준비 2인분

**주재료** 오징어(½마리), 새우(중하 8마리), 달걀(2개), 밥(2공기)
**데치는 물** 물(5컵), 레몬즙(0.5)
**부재료** 삶은 완두콩(2), 다진 양파(2), 다진 당근(1), 다진 마늘(0.5), 다진 파(2)
**양념** 식용유(3), 고운소금, 후춧가루
**달걀국** 오징어와 새우를 데친 물(5컵), 양파(1줌), 국간장(2), 달걀(4개), 다진 마늘(0.5), 고운소금, 후춧가루, 참기름

## 중국집 해물볶음밥

**1** 오징어(½마리), 새우(중하 8마리)는 레몬즙(0.5) 넣은 끓는 물(5컵)에 살짝 데치고,

**어드바이스** 오징어 칼집 넣기는 251쪽을 참조하세요.

**어드바이스** 오징어는 하얗게, 새우는 빨갛게 색이 변할 정도만 데쳐요.

**2** 오징어와 새우를 데친 물(5컵)에 양파(1줌), 국간장(2) 넣어 끓이다가 달걀(4개) 풀어 넣고, 다진 마늘(0.5), 고운소금, 후춧가루, 참기름 넣고 끓여 달걀국을 만들어두고,

**3** 식용유(1) 두른 팬에 달걀(2개)을 풀어 반숙으로 스크램블을 만들면서 고운소금으로 간하고, 데친 오징어와 새우, 삶은 완두콩(2)을 섞은 다음 밥그릇 2개에 나눠 담고,

**4** 식용유(2) 두른 팬에 다진 양파(2), 다진 당근(1), 다진 마늘(0.5), 다진 파(2), 밥(2공기) 순으로 넣어 볶다가 고운소금, 후춧가루로 간한 다음 밥그릇에 나눠 담아 접시에 획~ 뒤집고 마무리.

Part 5 나물이네 스페셜 요리 199

### 부자덮밥 오야코동

**재료준비 2인분**
- **주재료** 닭고기(안심 2쪽), 달걀(2개), 밥(2공기)
- **부재료** 양파(½개), 대파(15cm 길이 1대)
- **양념** 물(1컵), 우동소스(⅓컵), 칠미

#### 요리노트

**칠미**

오야코동에는 칠미를 뿌려 먹으면 좋아요. 칠미는 고춧가루, 검은깨, 참깨, 생강, 마늘, 진피(귤껍질), 산초를 섞어 만든 일본 조미료예요.

집에 엄마가 없을 때 아버지와 아들이 해먹는 덮밥인가 했는데 **닭고기와 달걀로 만들었다고 해서 부자덮밥(오야코동)이라고 하네요. 오야코(親子, おやこ)는 부모와 자식, 동(丼, どん)은 덮밥을 뜻해요.**
라면 끓이는 것보다 훨씬 쉬워요. 그냥 이거 먹고 부자 되면 좋겠당..^^a

**1** 물(1컵)에 우동소스(⅓컵), 양파(½개) 넣어 5분 정도 끓이고,

*어드바이스* 우동소스 만드는 방법은 유부우동(183쪽)을 참조하세요.

**2** 닭고기(안심 2쪽) 넣어 5분 정도 더 끓이고,

**3** 대파(15cm 길이 1대) 넣고, 달걀(2개) 풀어 반숙으로 익히고, 밥(2인분)에 덮고 칠미가 있으면 약간 뿌리고 마무리.

*어드바이스* 달걀은 대충 풀어 흰자와 노른자가 보이게 하고, 불에서 내려 잔열로 반숙이 되게 익혀요.

## 재료준비 2인분

**주재료** 닭고기(가슴살 4쪽=150g), 돼지호박(1줌), 가지(1줌), 파프리카(½개), 생바질(½줌=6잎)

**양념** 올리브오일(1), 그린커리(2), 설탕(1), 코코넛밀크 또는 생크림(1컵), 휘시소스 또는 까나리액젓(1)

그린커리 구입은
http://asia-mart.co.kr

# 딴나라 그린커리치킨

그린커리는 풀 냄새와 함께 매콤한 맛이 나는데 코코넛밀크와 만나면 부드러운 수프 같아요. 코코넛밀크는 마트에서 캔으로 구입해서 사용하면 되는데 없으면 우유 또는 생크림을 넣어도 상관없어요.

**어드바이스** 취향에 따라 그린커리를 좀 더 넣어도 돼요.

**1** 올리브오일(1) 두른 냄비에 닭고기(가슴살 4쪽=150g) 넣어 볶다가 그린커리(2) 넣어 좀 더 볶고,

**2** 코코넛밀크 또는 생크림(1컵), 휘시소스 또는 까나리액젓(1), 설탕(1) 넣어 간하고,

**3** 돼지호박(1줌), 가지(1줌) 넣어 익히다가,

**4** 파프리카(½개), 생바질(½줌=6잎) 넣고 마무리.

## 기운내요 소라죽

주변에 아픈 사람이 있으면 소라죽을 끓여드리세요.
품질 좋은 참소라는 울릉도 특산물 판매 사이트인
웰컴울릉(http://welcomeullung.com)에서 구입할 수 있어요.

## 재료준비 1인분

**주재료** 참소라(4개), 물(1컵), 쌀(½컵), 물(3컵)
**양념** 참기름(1), 달걀(노른자 1개), 고운소금(0.5)

**어드바이스** 일반 솥에 끓일 때는 1시간 40분 정도 삶거나 쪄야 부드러워요.

**1** 압력솥에 참소라(4개), 물(1컵) 넣어 2단 고압으로 20분 정도 가열했다가 불을 끄고, 추가 다 내려갈 때까지 기다렸다가 꺼내 살만 손질하여 잘 씻고,

**2** 쌀(½컵)은 씻어 30분 정도 불린 다음 절구에 살짝 빻고,

**3** 참기름(1) 두른 냄비에 다진 소라살(4개=⅓컵)과 빻은 쌀을 넣어 약불에서 쌀이 투명해지게 볶다가,

**4** 물(3컵)을 부어 중불에서 숟가락으로 잘 저으며 끓이고,

**어드바이스** 죽을 끓일 때는 쌀과 물의 비율을 1:6으로 잡으면 됩니다.

**5** 쌀이 퍼지면 달걀(노른자 1개) 넣어 풀어주고, 고운소금(0.5) 넣어 간하고 마무리.

## 아프지 맙시다! 전복죽

언젠가 몸이 너무 아파 앓아 누웠는데 아는 분이 전복을 한 박스 보내주셔서 스스로 죽 끓여 먹고 기운을 차린 적이 있어요. 아무리 아파도 그 비싼 전복 요리를 하며 사진을 안 찍을 수가 없었죠. 이런 게 직업병인가봐요.

○ **재료준비** 1인분

**주재료** 전복(1마리), 쌀($\frac{1}{2}$컵), 물(3컵)
**양념** 참기름(1), 고운소금(0.5)

1 전복(1마리)은 살과 내장을 분리한 다음 살은 얇게 저미고,

2 쌀($\frac{1}{2}$컵)은 씻어 30분 정도 불린 다음 절구에 살짝 빻고,

3 참기름(1) 두른 냄비에 전복살을 볶다가,

4 빻은 쌀도 넣어 약불에서 노릇하게 볶은 다음,

○ **요리노트**

### 전복 손질하기

1 전복의 모서리가 뾰족한 쪽으로 숟가락을 넣어 밀어내듯 긁어 살을 떼어낸 다음 뾰족한 입도 잘라내고,

2 살을 뒤집어 내장과 살을 분리하고, 솔이나 굵은소금으로 박박 씻고 마무리.

전복은 살아 있는 것을 구입한 날로부터 1~2일은 5mm 두께로 썰어 회로 먹고, 이후에는 냉장실의 제일 위칸에 보관하고, 차후에 먹으려면 손질해서 위생 비닐에 담아 냉동 보관을 하세요.

5 물(3컵) 부어 끓이다가 불을 줄여 쌀을 퍼지게 하고,

**어드바이스** 쌀이 바닥에 눌어붙지 않게 계속 저어주세요.

6 내장은 체에 내려 넣어 색깔 내고, 고운소금(0.5) 넣어 간하고 마무리.

**어드바이스** 죽을 접시에 담아내고, 김가루를 뿌려 먹으면 좋아요.

## 든든하게 삼계죽

더운 여름에 몸보신을 위해서 삼계탕을 먹죠. 집에서 실속 있게 닭 한 마리를 먹는 방법이 중닭으로 백숙을 해서 먹고, 남는 국물과 가슴살을 이용해서 죽을 끓여 먹는 거예요. 닭 한 마리로도 여러 사람이 배불리 먹을 수 있죠.

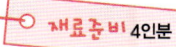
**재료준비** 4인분

**주재료** 찹쌀(½컵), 멥쌀(½컵), 중닭(1마리), 마늘(10쪽), 물(8컵)
**부재료** 인삼(4뿌리), 황기(4뿌리), 엄나무(4토막), 대추(5알), 대파(1대)
**양념** 다진 파(2), 고운소금(1), 깨가루(1), 참기름(1), 후춧가루(0.3)

1 찹쌀(½컵), 멥쌀(½컵)은 씻어 불려 두고,

**어드바이스** 일반 솥에서 끓일 경우는 물을 10컵 넣고, 1시간 이상 끓여주세요.

**어드바이스** 다른 재료가 없으면 마늘만 넣고 끓여도 맛있어요. 백숙 또는 닭곰탕이라고 하죠.

2 압력솥(5인용)에 중닭(1마리), 인삼(4뿌리), 황기(4뿌리), 엄나무(4토막), 대추(5알), 대파(1대), 마늘(10쪽), 물(8컵) 넣어 뚜껑 덮고 25분 정도 가열하고,

3 불을 끈 다음 20분 정도 기다렸다가 빨간 추가 내려가면 뚜껑 열고,

4 닭다리와 날개는 소금을 찍어 맛있게 먹고, 퍽퍽한 가슴살(2줌)만 모아 결대로 찢어 다진 파(2), 고운소금(1), 깨가루(1), 참기름(1), 후춧가루(0.3) 넣어 양념하고,

5 끓인 국물은 여과지에 걸러 국물만 6컵을 준비하고,

**어드바이스** 감자, 양파, 당근을 다져 넣어도 좋아요.

6 깨끗한 국물(6컵)에 불린 쌀을 넣어 15분 정도 저으면서 끓이다,

**어드바이스** 파김치, 오징어젓갈, 고추장아찌 같은 반찬과 함께 먹으면 좋아요.

7 양념한 가슴살을 넣어 국물이 걸쭉해지면 마무리.

**요리노트**

여과지

이마트에서 판매하는 일회용 여과지를 이용하면 깔끔하고, 편하게 불순물과 기름을 걸러낼 수 있어요.

## 나 홀로 성탄절 치킨커틀릿

냉동실에 잔뜩 있는 가슴살을 처리하기 위해 **성탄절날 나 홀로 집에서 치킨커틀릿을 해먹었죠.** 언제나 그랬듯이 텔레비전에서는 「나 홀로 집에」를 또 하더군요.

### 재료준비 1인분

**주재료** 닭고기(가슴살 2쪽), 감자(1개), 식용유
**밑간 양념** 고운소금(0.3), 후춧가루(0.2), 맛술(2)
**감자 양념** 고운소금(0.3)
**튀김옷** 밀가루, 달걀물, 빵가루
**타르타르소스** 마요네즈(4), 다진 피클(1), 다진 양파(1), 고운소금(0.3), 후춧가루(0.2), 레몬즙(1)

1 닭고기(가슴살 2쪽)에 칼집 내고 고운소금(0.3), 후춧가루(0.2), 맛술(2) 뿌려 밑간하고, 감자(1개)는 채 썰어 찬물에 담가 녹말기 빼고,

**어드바이스** 닭고기 대신 대구살을 사용해도 좋아요.

2 가슴살을 밀가루, 달걀물, 빵가루 순으로 묻히고,

3 마요네즈(4), 다진 피클(1), 다진 양파(1), 고운소금(0.3), 후춧가루(0.2), 레몬즙(1) 섞어 타르타르소스를 만들고,

4 감자와 가슴살은 식용유에 노릇하게 튀기고,

**어드바이스** 감자와 커틀릿을 같이 튀기면 감자의 수분 때문에 타지 않게 튀길 수가 있어요.

5 키친타월에 올려 기름 빼면서 감자에만 고운소금(0.3) 뿌려 간하고 마무리.

**어드바이스** 접시에 담아 타르타르소스를 얹어주세요.

---

### 요리노트

**앙증맞은 꼬마커틀릿**

커틀릿을 만드는 기본은 옷 입히기입니다. 이 순서는 "밀.계.빵"으로 외우면 헷갈리지 않아요.

**주재료** 소시지
**부재료** 밀가루, 달걀, 빵가루, 허브, 양파
**양념** 돈가스소스, 깨가루

1 달걀물에는 양파와 허브를 다져 넣고,

2 소시지를 밀가루, 달걀물, 빵가루 순으로 묻혀 튀김옷 입히고,

3 식용유를 넉넉히 두른 팬에 올려 지진 다음,

4 키친타월에 올려 기름 빼고, 돈가스소스, 깨가루를 뿌리고 마무리.

뢰스티(Rösti)는 스위스의 서민적인 감자 요리예요. 비 오는 날 하늘이 어둑어둑해지면 왠지 감성적이 되잖아요. 시간이 멈춰버린 것 같은 그런 날엔 간단하게 **수제 소시지라도 굽고, 뢰스티도 만들어서 창가에 앉아 맥주 한잔하면 창 밖에서 알프스 소녀가 마구 달려오지 않을까요?**

### 재료준비 2인분=2장 분량

**주재료** 감자(大 2개)
**삶는 물** 물(5컵), 굵은소금(1)
**양념** 버터(2), 다진 모짜렐라치즈(1줌), 고운소금(0.4), 후춧가루(0.2)

## 스위스식 감자부침 뢰스티

**어드바이스** 감자가 반만 익도록 삶는 거예요.

**1** 껍질을 깎아낸 감자(大 2개)에 물(5컵), 굵은소금(1) 넣어 10분 정도 끓이다가 약불로 줄여 5분 정도 더 삶고,

**2** 물을 따라 버리고 약불로 1분 정도 뒤적여 수분을 날린 다음 그대로 식히고,

**어드바이스** 베이컨, 양파, 녹색 피망, 빨간 피망을 다져 넣어도 좋아요.

**3** 굵은 강판이나 채칼로 감자를 채 친 다음 다진 모짜렐라치즈(1줌), 고운소금(0.4), 후춧가루(0.2) 넣어 섞고,

**어드바이스** 접시에 소시지, 달걀프라이, 사워크라우트(양배추절임)와 함께 세팅해요.

**4** 버터(2) 두른 팬에 감자를 절반만 덜어 지름 8cm 정도 되게 펼쳐 약불에서 6분 정도 가열한 다음 뒤집고, 4분 정도 더 가열해서 앞뒤가 모두 황금빛이 나게 굽고 마무리.

달걀 두 개로 럭셔리한 늦은 아침식사를 준비해보세요. 오믈렛을 올리브오일이 듬뿍 들어간 소스에 찍어 먹으면 유명 이탈리아 식당이 부럽지 않답니다.

 **재료준비** 1인분

**주재료** 달걀(2개), 우유(1), 고운소금(0.2), 버터(2), 치즈(1장)
**토마토소스** 올리브오일(1), 다진 양파(2), 다진 토마토(中 1개), 물(4), 케첩(1), 월계수잎(1장)
**양념** 올리브오일(1), 파마산치즈가루(1), 파슬리가루(0.5), 후춧가루(0.3)

## 웃어봐요 치즈오믈렛

**1** 올리브오일(1) 두른 냄비에 다진 양파(2), 다진 토마토(中 1개) 넣어 볶고, 물(4), 케첩(1), 월계수잎(1장) 넣고 끓여 토마토소스(2인분) 만들고,

**2** 달걀(2개)에 우유(1), 고운소금(0.2) 넣어 풀고 버터(2) 녹인 팬에 부어 포크로 휘저으며 중불에서 살짝 익히고,

**3** 치즈(1장) 올리고, 오른쪽을 가운데로 접은 다음 약불로 줄이고, 밑면이 익으면 접시에 슬슬 밀어 넣으면서 획~ 뒤집어 모양 잡고,

**4** 토마토소스를 절반 덜어 올린 다음 올리브오일(1), 파마산치즈가루(1), 파슬리가루(0.5), 후춧가루(0.3) 뿌리고 마무리.

Part 5 나몰이네 스페셜 요리

## 일본식 모둠튀김

튀김 반죽에 얼음을 넣어 최대한 온도를 낮게 하면 튀길 때 기름을 밀어내어 적게 흡수해서 눅눅하지 않고, 바삭한 튀김을 할 수 있어요.

### 재료준비 4인분

- **주재료** 쑥갓(1줌), 깻잎(1줌), 두릅(1줌), 양파(½개), 식용유(3컵)
- **튀김옷** 녹말가루(½컵), 찬물(½컵), 각얼음(5개), 달걀(노른자 1개), 튀김가루(1컵)
- **튀김간장** 다시마 우린 물(4) + 진간장(1.5) + 무즙(1) + 레몬즙(1) + 맛술(0.5) + 설탕(0.3)

다시마 우린 물은 물(5컵)에 다시마(사방 10cm 1장)를 넣어 하루 동안 우려낸 물을 말해요.

**어드바이스** 주재료는 단호박, 고구마, 가지, 버섯 등등 어떠한 재료를 이용해도 상관없지요.

**1** 쑥갓(1줌), 깻잎(1줌), 두릅(1줌), 양파(½개)에 녹말가루(½컵) 뿌린 다음 털어내고,

**2** 찬물(½컵)에 달걀(노른자 1개), 각얼음(5개) 넣어 저어주고,

**3** 튀김가루(1컵) 넣어 젓가락으로 톡톡 치며 대충 섞고,

**어드바이스** 밀가루의 글루텐이 형성되지 않도록 젓지 말고, 가루가 남아 있게 하세요. 튀김가루 대신 박력분으로 해도 상관없어요.

**4** 튀김 재료에 튀김옷을 대충 묻혀 낮은 온도의 식용유(3컵)에 노릇하게 튀기고, **튀김간장**을 곁들여 내고 마무리.

**어드바이스** 튀김옷을 식용유에 약간 떨어뜨려 바닥에 가라앉았다 1~2초 후에 위로 올라오는 온도에서 튀기고, 젓가락으로 툭툭 쳤을 때 바삭한 느낌이 들면 건져 키친타월에 펼쳐놓아요.

**재료준비** 2인분

**주재료** 미꾸라지(20마리), 녹말가루(4), 굵은소금(2), 식용유
**튀김옷** 녹말가루(½컵) + 달걀(1개) + 물(2) + 고운소금(0.5)

## 가을맞이 추어튀김

전북 남원시에서 7월 5일을 추어데이로 정했대요.
7월부터 11월까지 제철이기도 하고
7, 5가 추어랑 발음이 비슷해서 그랬다네요.

**1** 미꾸라지(20마리)에 굵은소금(2) 뿌리고 뚜껑을 닫아 기절시킨 다음 밀가루(½컵) 넣고 진과 해감을 말끔히 토하도록 뽀드득 뽀드득 흐르는 물에 씻고,

**어드바이스** 굵은소금을 넣을 때 호박잎을 2장 정도 넣어주면 진이 더 잘 닦여요.

**2** 씻은 미꾸라지에 녹말가루(4) 뿌린 다음 **튀김옷**을 묻혀서,

**3** 식용유에 노릇하게 튀기고 마무리.

직장생활할 때 즐겨 먹었던 길거리 토스트예요.
**아침 일찍 바쁜 출근길에(특히 추운 날)
저 토스트를 한 입 베어 물고
커피 한 잔 들고 호호 불면서 먹으면
점심 때까지 든든하죠.**

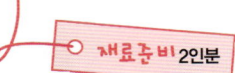
재료준비 2인분

**주재료** 식빵(4장), 버터, 케첩, 설탕
**부재료** 채 썬 양배추(1줌), 채 썬 당근(½줌), 스위트콘(2)
**달걀물** 달걀(2개), 고운소금(0.3), 후춧가루(0.2)

## 바쁜 출근길 토스트

**1** 달걀(2개)을 풀고 고운소금(0.3), 후춧가루(0.2) 넣어 간한 다음 채 썬 양배추(1줌), 채 썬 당근(½줌), 스위트콘(2) 넣어 섞고,

**2** 버터 녹인 팬에 식빵(4장)을 앞뒤로 노릇하게 구워 준비하고,

**3** 달걀물도 식빵 사이즈로 2장을 지진 다음 취향에 따라 케첩, 설탕을 뿌리고 마무리.

햇살 가득한 아침에 포근한 침대 속에서 나와
달그락달그락 아침 준비를 합니다.
**냉장실에서 달걀을 꺼내고, 냉동실에서
베이컨도 꺼내서 가볍게 만들면
아침식사의 여유로움이 느껴지죠.**

### 재료준비 1인분

**주재료** 달걀(2개), 생크림 또는 우유(¼컵)
**부재료** 베이컨(4장), 식빵(2장),
  토마토마리네이드 또는 피클
**양념** 고운소금(0.3), 후춧가루(0.2), 파슬리가루(0.5)

### 티파니에서 아침을 스크램블에그

**1** 베이컨(4장)은 마른 팬에 지지직 앞뒤로 굽고, 식빵(2장)은 토스트하고,

**2** 달걀(2개) 풀어 생크림 또는 우유(¼컵)를 섞고, 식용유(1) 두른 팬에 부어 약불에서 살살 젓다가 고운소금(0.3), 후춧가루(0.2), 파슬리가루(0.5) 뿌리고 마무리.

**어드바이스**
달걀은 60% 익으면 불을 끄고, 접시에 담아야 부드러운 스크램블이 돼요.

**어드바이스**
토마토마리네이드 만드는 방법은 『나물이네 밥상』 228쪽을 참조하세요.

구운 베이컨, 식빵과 함께 모닝커피 한 잔과 토마토마리네이드를 곁들여서 피클처럼 먹으면 목 넘김도 좋아요.

## 식빵튀김 몬테크리스토

유명 패밀리 레스토랑에서 1만원이 넘는 식빵튀김이에요.
감자도 튀겨내고, 딸기잼이나 키위잼을 곁들여 먹으면
한 끼 식사로 아주 든든하답니다.

## 재료준비 2인분

**주재료** 닭고기(안심 3쪽), 슬라이스 햄(1장), 치즈(4장), 버터(1.6), 식빵(3장), 올리브오일(0.5), 슈가파우더, 식용유, 딸기잼
**밑간 양념** 맛술(0.5), 고운소금(0.2), 후춧가루(0.1)
**튀김옷** 밀가루(박력분 1컵) + 베이킹파우더(0.5) + 달걀1개) + 찬 우유(10) + 설탕(1) + 버터(1)

**1** 닭고기(안심 3쪽)는 반을 갈라 펼쳐서 칼등으로 두들겨 하나로 합치면서 얇게 펴고, 맛술(0.5), 고운소금(0.2), 후춧가루(0.1) 뿌려 밑간한 다음,

**2** 올리브오일(0.5) 두른 팬에 닭고기를 올려 앞뒤로 노릇하게 굽고,

**3** 식빵(1장)의 안쪽에 버터(0.4)를 펴 바른 다음 치즈(1장), 슬라이스 햄(1장), 치즈(1장) 순으로 올리고,

버터나이프 이마로 자연주의

**4** 식빵(1장)의 앞뒤에 버터(0.8)를 펴 바른 다음 올리고,

**5** 치즈(1장), 구운 닭고기, 치즈(1장) 순으로 올린 다음 안쪽 면에 버터(0.4)를 바른 식빵(1장)을 덮고,

### 요리노트

**키위잼**(1컵 분량)

냄비에 토막 낸 키위(5개), 설탕(½컵), 레몬즙(2), 고운소금(0.3)을 넣어 10분 정도 두었다가, 중불에서 20분 정도 저으면서 끓여요. 키위 대신 으깬 딸기(1컵)로 하면 딸기잼이 돼요.

**6** 사선으로 2등분한 다음 **튀김옷**에 담가 듬뿍 묻히고,

**어드바이스**
딸기잼이나 키위잼을 발라 드세요.

**7** 170℃ 식용유에 노릇하고 바삭하게 튀긴 다음 2등분해서 접시에 담아 슈가파우더를 뿌리고 마무리.

생크림은 마트에서 구입할 수 있고, 콩가루는 방앗간에서 구입할 수 있어요. **콩가루 대신 미숫가루를 넣어도 상관없고요.**

**재료준비 2인분**

**주재료** 고구마(中 2개), 물(5컵)
**부재료** 생크림(½컵), 건포도(2), 땅콩(1), 콩가루(1), 설탕(1)

## 맛있구마 고구마샐러드

**1** 물(5컵)에 고구마(中 2개)를 깍둑 썰어 넣어 15분 정도 삶고,

**2** 물기 빼서 뜨거울 때 포크로 으깬 다음,

**어드바이스**
생크림이 없으면 우유를 넣어도 되고, 땅콩 대신에 해바라기씨를 넣어도 좋아요.

**3** 생크림(½컵), 건포도(2), 땅콩(1), 콩가루(1), 설탕(1) 넣어 섞고 마무리.

스위트콘을 한 번에 없애는 방법으로 콘버터만 한 요리가 없어요. 원래는 무쇠 팬에 지글지글 구워야 하는데 무쇠 팬이 없어서 천원숍에서 구입한 작은 팬에 구워 먹었죠.

**주재료** 스위트콘(1컵), 버터(1)
**부재료** 다진 피망(1), 모짜렐라치즈(2)
**양념** 마요네즈(1.5), 설탕(0.3)

지글지글 **콘버터**

**1** 버터(1) 녹인 팬에 스위트콘(1컵) 부어 지글지글 익히고,

**2** 마요네즈(1.5) 넣어 버무리고, 설탕(0.3) 뿌리고,

**3** 다진 피망(1), 모짜렐라치즈(2) 올리고 마무리.

**어드바이스**
다진 양파와 분유나 프림을 약간 넣어도 좋아요.

Part 5 나물이네 스페셜 요리

아이스크림과 단것을 잘 못 먹는데 최근에 그린티아이스크림과 프라푸치노의 맛에 빠졌어요. **세상에서 유일하게 못 먹는 음식이 팥빙수인데 얼음을 갈아먹는 프라푸치노를 좋아하게 되다니 사람의 입맛은 사랑하는 사람 앞에서 변하나 봐요.** 이렇게 서로에게 잘 길들여지는 것이 사랑이 아닐까요.

### 재료준비 1인분

**주재료** 끓는 물(¼컵), 녹차가루(2), 설탕(4), 우유(1컵)
**부재료** 각얼음(10개), 생크림(½컵), 설탕(1)

## 별다방 그린티프라푸치노

**1** 끓는 물(¼컵)에 녹차가루(2), 설탕(4) 넣어 녹이고,

**2** 녹차가루 녹인 물에 우유(1컵), 각얼음(10개) 넣어 윙~ 윙~ 갈아주고,

어드바이스 — 취향에 따라 연유 또는 그린티아이스크림을 넣어도 좋고, 얼음은 알갱이가 남아 있도록 조금만 갈아주세요.

**3** 생크림(½컵)에 설탕(1)을 넣어 부드럽게 거품 올리고,

**4** 생크림으로 장식하고 마무리.

어드바이스 — 생크림은 옵션이에요. 없으면 안 넣으셔도 상관없어요.

아침에 빈속을 채워주기도 하고, 불면증이 심한 날 꿈나라로 스무스하게 이끌어주기도 하는 스무디! ^^

  재료준비 2인분

**주재료** 바나나(1개), 레몬즙(1), 파인애플(1덩어리), 우유(½컵), 얼음(½컵), 꿀(1), 계피가루(1)

## 꿈나라로 스무디

**어드바이스** 레몬즙을 뿌려두면 변색되는 것을 막을 수 있어요.

**1** 바나나(1개)에 레몬즙(1) 뿌려두었다가,

**어드바이스** 컵에 담아 계피가루(0.5씩)를 뿌려주세요.

**2** 믹서에 바나나, 파인애플(1덩어리), 우유(½컵), 얼음(½컵), 꿀(1) 넣어 갈아주고 마무리.

분식집에서 수다 떨며 먹는 비빔만두는 여자분들이 너무나도 좋아하는 메뉴죠. 느끼한 군만두를 맛있게 먹는 방법입니다.

**재료준비 2인분**

**만두피** 부침가루(½컵), 녹말가루(½컵), 달걀(1개), 물(1컵), 고운소금(0.3), 식용유
**채소** 데친 콩나물(2줌), 채 썬 양배추(1줌), 적채(1줌), 깻잎(6장), 오이(½줌), 당근(½줌), 양파(¼개)
**초고추장** 고추장(4) + 현미식초(4) + 설탕(2) + 사이다(2) + 다진 마늘(1) + 참기름(1) + 깨(1)

## 수다 떨며 비빔만두

**1** 부침가루(½컵), 녹말가루(½컵), 달걀(1개), 물(1컵), 고운소금(0.3) 섞어 반죽한 다음 고운 체에 내리고,

**2** 식용유를 바르고 닦아낸 팬에 반죽을 두 숟가락씩 올려 약불에서 앞뒤로 익혀 만두피(지름 10cm 크기로 20장) 만들고,

**어드바이스** 만두피 만드는 것이 번거롭다면 시중에서 파는 만두피를 준비하세요.

**3** 식용유(1) 두른 팬에 만두피를 올려 강불에서 색깔 나게 구워 반으로 잘라 접시에 담고,

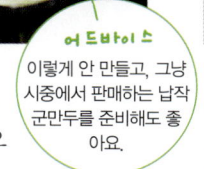

**어드바이스** 이렇게 안 만들고, 그냥 시중에서 판매하는 납작 군만두를 준비해도 좋아요.

**4** 데친 콩나물(2줌), 채 썬 양배추(1줌), 적채(1줌), 깻잎(6장), 오이(½줌), 당근(½줌), 양파(¼개)에 **초고추장**을 뿌려 접시에 담고 마무리.
다진 땅콩(2)을 뿌리면 더욱 좋아요.

### 재료준비 2인분

**주재료** 베이글(2개), 훈제연어(슬라이스 6장)
**부재료** 양파(링 모양으로 썬 것 6개), 케이퍼(6개), 파슬리가루
**양념** 크림치즈(½컵=100g), 송송 썬 실파(8), 레몬제스트(1), 레몬즙(3)

### 요리노트

#### 살라미샌드

이탈리아 소시지 살라미를 0.1mm 두께로 썰어 마른 팬에 구워 크림치즈를 바르고, 카레가루와 파슬리가루를 솔솔 뿌리면 와인 안주로 그만이에요.

#### 살라미

살라미는 마트의 치즈 파는 코너에서 구입할 수 있어요.

베이터스바하 루돌프 머그

## 아점해요 연어베이글

요즘 '브런치' 하는 게 유행이죠. 브렉퍼스트(breakfast)와 런치(lunch)의 합성어로 아침과 점심 사이에 먹는 식사를 말해요. 우리나라 말로는 '아점' 이라고 할 수 있죠.

**1** 크림치즈(½컵=100g), 송송 썬 실파(8), 레몬제스트(1), 레몬즙(3) 섞고,
*레몬제스트는 레몬의 노란 껍질을 강판에 긁어 놓는 것을 말해요.*

르 크루제 원형 주물 그릴

**2** 베이글(2개)은 반으로 갈라 그릴에 굽고,

**3** 베이글에 만들어둔 크림치즈를 절반씩 덜어 바르고, 훈제연어(3장씩), 양파(링 모양으로 썬 것 3개씩), 케이퍼(3개씩) 올리고, 파슬리가루를 뿌리고 마무리.

집에서 간단하게 떡을 만들어 먹는 방법이죠. 쌀가루를 쑥에 버무리고 쪘을 뿐인데 **쫄깃쫄깃하고 입 안 가득 쑥 향이 퍼지는 것이 대만족이에요. 출출할 때 간식으로 만들어 조물조물 뜯어 먹으면 참 좋아요.** 식으면 맛이 덜하니까 한 번 먹을 분량만 해서 따끈할 때 드세요.

**재료준비** 2인분

**주재료** 쌀(1컵), 쑥(3줌)
**양념** 설탕(1), 고운소금(0.5)

## 쑥떡쑥떡 쑥버무리

**1** 쌀(1컵)을 씻어 물에 4시간 정도 불려 믹서에 갈고, 절구통에 더 미세하게 빻아 체에 내리고,

**2** 설탕(1), 고운소금(0.5) 넣어 섞고, 깨끗이 씻은 쑥(3줌) 넣어 버무리고,

어드바이스
취향에 따라 설탕을 뿌려 먹으면 더욱 맛있어요.

**3** 김이 오른 찜통에 올려 20분 정도 찌고, 불을 끄고 5분 정도 뜸 들이고 마무리.

**재료준비** 2인분

**주재료** 쑥(8줌=130g), 식용유
**반죽** 부침가루(1컵), 쑥 데친 물(1컵)
**양념** 설탕(1), 고운소금(0.2)

카라엘러시르 소스볼(12cm)

## 봄비와 함께 쑥전

몸에 좋은 쑥을 한 번에 많이 먹을 수 있는 방법이에요.
지진 쑥전은 꿀이나 설탕을 찍어 먹으면 맛나요.

**1** 끓는 물(6컵)에 쑥(8줌=130g)을 넣어 2분 정도 데친 다음 건져내서 다지고, 쑥 데친 물(1컵)은 식혀두고,

**2** 부침가루(1컵)에 쑥 데친 물(1컵)을 넣어 묽은 반죽을 만들고,

어드바이스
쑥을 많이 넣어야 맛있어요.

**3** 데친 쑥, 설탕(1), 고운소금(0.2) 넣어 섞고,

**4** 식용유(2) 두른 팬에 반죽을 한 숟가락씩 떠 넣어 앞뒤로 지지고 마무리.

## 형형색색 찜케이크

어린 시절 먹던 술빵과 비슷한
찜케이크는 꿀이나 설탕을 찍어
우유랑 먹으면 맛있어요.
모임이 있을 때
만들어가면 여러 사람들과
함께 즐거운 먹을거리
나눔을 할 수 있답니다.

### 재료준비 2인분

**주재료** 단호박(2), 당근(2), 완두콩(2), 스위트콘(2), 다진 대추(5개)
**밑간 양념** 설탕(1), 고운소금(0.5)
**반죽** 달걀(2개), 설탕(3), 꿀(2), 밀가루(1과 ½컵), 베이킹파우더(1.5), 바닐라향(0.4), 따뜻한 우유(½컵)

1 끓는 물에 단호박(2), 당근(2), 완두콩(2) 넣어 5분 정도 익히고, 스위트콘(2), 다진 대추(5개)와 함께 볼에 담아 설탕(1), 고운소금(0.5) 넣어 밑간하고,

2 달걀(2개)에 설탕(3), 꿀(2) 넣어 설탕이 녹을 정도로 잘 섞고,

3 달걀에 밀가루(1과 ½컵), 베이킹파우더(1.5), 바닐라향(0.4)을 체에 내려 대충 섞다가,

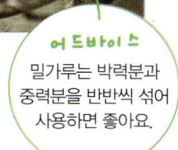

**어드바이스**
밀가루는 박력분과 중력분을 반반씩 섞어 사용하면 좋아요.

4 밑간해둔 고명들을 넣어 또 대충 섞다가,

5 따뜻한 우유(½컵)를 두 번에 나눠 넣으며 섞어 반죽을 만들고,

6 유산지 또는 한지를 깐 찜기에 반죽을 부어 김이 오른 찜통에서 12분 정도 찌고 마무리.

## 포슬포슬 단호박떡케이크

**달디단 생크림케이크보다 포슬포슬 우리 설기가 최고죠.** 떡케이크를 할 때는 대나무 찜기가 있으면 좋은데, 맘쿡(momcook.co.kr)에서 대나무찜기를 크기별로 구입할 수 있어요.

## 재료준비 4인분

**주재료** 쌀가루(5컵), 단호박(¼개=½컵=150g), 설탕(½컵)

### 요리 노트

**와인 쿨러의 변신은 무죄**

얼음

이마트에서 구입한 와인쿨러

끓는 물

국수도 삶고,

끓는 물

찜통으로도 활용해요.

**1** 쌀가루(5컵)를 체에 두 번 내리고,

쌀은 물에 하룻밤 불렸다가 방앗간에서 2천원 주고 빻아달라고 하세요.

> **어드바이스**
> 방앗간에서 불린 쌀을 빻을 때 소금은 넣고, 물은 주지 말라고 하세요. 사용하고 남은 쌀가루는 꼭 냉동 보관하세요.

**2** 껍질 벗기고, 속을 파낸 단호박(¼개=½컵=150g)은 비닐봉지에 담아 전자레인지에 5분 정도 돌려 익힌 다음 숟가락으로 으깨 넣어 손으로 비벼 섞고,

> **어드바이스**
> 전자레인지가 없으면 김이 오른 찜통에 12분 정도 찌세요.

**3** 설탕(½컵) 넣어 다시 굵은 체에 두 번 정도 내리고,

> **어드바이스**
> 체에 내리기 힘들어도 열심히 내려야 포슬포슬한 떡이 돼요.

**4** 지름 18cm 찜기에 동그랗게 오린 면보를 바닥에 깔고, 분무기로 물을 뿌려 면보와 찜기 옆면을 적신 다음 쌀가루를 담고, 과도를 이용해서 8등분으로 칼집을 넣어주고,

> **어드바이스**
> 분무기로 면보와 찜기를 적셔야 나중에 떡이 잘 떨어지고, 칼집을 넣어야 완성했을 때 떡이 깨끗하게 잘라져요.

**5** 김이 오른 찜통에 올려 뚜껑 덮어 20분 정도 찌고,

**6** 접시를 덮고 뒤집어 빼내고 마무리. (나와라 얍~)

Part 5 나물이네 스페셜 요리

## 아기를 지켜라 수수팥떡

팥의 붉은색이 귀신으로부터 아기를 지켜준다고 해서 백일이나 돌떡으로 수수팥떡을 해먹죠.
그리고 아이가 열 살이 될 때까지 생일 때마다 해주면 액운을 막아준다네요.
수수가 위에도 좋다고 하니 저한테도 좋겠어요. 어쨌든 자식을 봐야 할낀데 꺼이~ 꺼이~

**재료준비** 메추리알 크기 40개 분량

**팥고물** 팥(1컵), 물(5컵), 고운소금(0.5)
**반죽** 찹쌀가루(3컵), 찰수수가루(3컵),
　　　 설탕(2), 뜨거운 물(½컵)
**양념** 꿀(6)

1 팥(1컵)에 물을 부어 한 번 우르르 끓이다가 물을 따라 버리고, 다시 물(5컵)을 부어 끓이는데 물이 거의 없어지고 팥을 눌러보아 톡 터질 때까지 익히고,

2 남은 물을 따라낸 다음 고운소금(0.5) 넣고, 삶은 팥을 절구로 빻은 다음 약불에서 고슬고슬 수분을 날리고,

3 넓은 쟁반에 펼쳐 식혀서 팥고물을 준비하고,

*어드바이스* 수분이 없이 고슬고슬하게 하는 것이 포인트.

4 찹쌀가루(3컵), 찰수수가루(3컵), 설탕(2)에 뜨거운 물(½컵)을 조금씩 넣으면서 익반죽하고,

*어드바이스* 칼국수 반죽 정도로 되게 하세요.

**요리 노트**

**찹쌀·찰수수 불리기**

찹쌀(1컵)과 찰수수(1컵)를 하룻밤 정도 불려 방앗간에서 빻아오면 총 12컵이 돼요.

집에서 믹서로 갈 때는 불린 찹쌀(1컵)과 찰수수(1컵)에 굵은소금(1)을 넣고 갈아요.

5 익반죽한 것을 메추리알만 한 크기로 경단을 만들어 끓는 물에 넣고, 물 위로 떠오르면 건져내 찬물에 담갔다가 체에 밭쳐 물기 빼고,

6 꿀(6)을 접시에 펼친 다음 익힌 완자를 올려 굴리고, 팥고물을 묻힌 다음 마무리.

구절판은 본 요리를 먹기 전
손님상에 전채 요리로 내면 좋은데,
그 색상(오방색)의
화려함으로 미각을
자극하기에 충분하죠.
애호박, 죽순을 빼고
칠절판으로 만들어도
간편하고 좋아요.

→ 카라 파티커넥션

## 구구절절 구절판

● 요리노트

**죽순**

죽순은 캔 제품으로 나온 것을 이용하면 편해요. 흐르는 물에 씻으면서 꼬치를 이용해 안쪽에 하얀 석회를 제거하고 사용하세요.

**재료준비** 6인분

**밀전병** 체에 나린 밀가루(중력분 1컵),
고운소금(0.5), 물(1과 ½컵)
**주재료** 달걀노른자(3개), 달걀흰자(2개),
오이(1개), 애호박(1개), 당근(½개),
죽순(1개), 소고기(1줌=100g),
불린 표고버섯(4개)
**소고기 양념** 진간장(1), 설탕(0.5), 다진 파(1),
다진 마늘(0.5), 후춧가루(0.2),
깨(0.3), 참기름(0.3)
**표고버섯 양념** 진간장(1), 설탕(0.5), 다진 파(1),
다진 마늘(0.5), 후춧가루(0.2),
깨(0.3), 참기름(0.3)
**양념** 고운소금, 굵은소금, 식용유,
참기름, 맛술, 잣가루
**겨자초간장** 진간장(3), 식초(3), 맛술(2),
설탕(0.5), 레몬즙(0.5), 연겨자(0.5),
땅콩버터(0.3)

**1 밀전병** 재료를 섞은 다음 고운 체에 내려 묽은 밀전병 반죽을 준비하고,

> **어드바이스**
> 반죽을 미리 만들어 두어야 찰진 반죽이 되고, 체에 내려야 고운 밀전병이 돼요.

**2** 달걀노른자(3개)와 달걀흰자(2개)는 각각 고운소금(0.3씩) 넣어 간한 다음 식용유를 두르고 닦아낸 팬에 약불에서 각각 지단을 만들어 돌돌 말아 가늘게 채 썰고,

**3** 오이(1개)는 4등분한 다음 돌려 깎기 해서 가늘게 채 썰어 굵은소금(0.3) 뿌려 절이고, 애호박(1개)도 3등분한 다음 돌려 깎기 해서 가늘게 채 썰어 굵은소금(0.3) 뿌려 절이고, 각각 물기를 꼭 짠 다음 식용유(0.5)와 참기름(0.5) 두른 팬에 각각 볶아내서 펼쳐 식히고,

**4** 당근(½개), 죽순(1개)도 가늘게 채 썰어 식용유(0.5)와 참기름(0.5) 두른 팬에 각각 볶다가 고운소금(0.3씩) 넣어 간하고, 맛술(1씩) 넣어 윤기 나게 볶아내서 펼쳐 식히고,

> **어드바이스**
> 죽순이 없으면 팽이버섯, 새송이버섯, 숙주나물, 도라지나물을 이용하세요.

**5** 소고기(잡채용 1줌=100g)와 불린 표고버섯(4개)에 각각 **소고기 양념**과 **표고버섯 양념**을 넣어 조물조물 무친 다음 식용유(0.5), 참기름(0.5), 맛술(1) 두른 팬에 각각 볶아내서 펼쳐 식히고,

**6** 식용유를 두르고 닦아낸 팬에 약불에서 밀전병 반죽을 한 숟가락씩 떠 넣어 숟가락을 안쪽에서 밖으로 3바퀴 정도 돌려 얇게 펴고(지름 8cm), 흰색이 없어지면서 익으면 한 번 뒤집어 마저 익혀서 식힌 다음 잣가루를 뿌리면서 밀전병을 접시에 겹쳐 담고 마무리.

> **어드바이스**
> 잣가루를 뿌리면서 접시에 담아야 밀전병이 서로 붙지 않고, 맛도 고소해요

**7** 겨자초간장은 진간장(3), 식초(3), 맛술(2), 설탕(0.5), 레몬즙(0.5), 연겨자(0.5), 땅콩버터(0.3)를 섞어 만들어요.

> **어드바이스**
> 땅콩버터를 생략하고, 깨가루(1) 또는 잣가루(1)를 넣어도 고소해요.

카라 업데이트
피자접시(31cm)

## 무지개 무쌈

일곱 색깔 무지개 무쌈도 손님상에 내면 그 화려함 때문에 감탄사부터 나오는 효과 만점인 요리죠. 메인 요리가 불고기나 삼겹살 같은 고기 요리일 때 무쌈을 준비해보세요.

### 재료준비 6인분

**주재료** 쌈무(½팩)
**부재료** 맛살(1줄), 파프리카(주황색 ½개, 노란색 ½개), 오이(½개), 무순(1줌), 피망(½개), 적채(½개)
**고기류** 햄, 소고기, 돼지고기, 닭고기, 달걀 지단
**양념장** 진간장(3), 식초(3), 맛술(2), 땅콩버터(2), 깨가루(1), 설탕(0.5), 레몬즙(0.5), 연겨자(0.5)

**1** 쌈무(½팩)를 구입하거나 만들어 준비하고,
만드는 방법은 요리노트를 참조하세요.

· 어드바이스
구절판의 겨자초간장과 비슷한데 무쌈은 땅콩버터가 많이 들어가야 맛있어요.

**2** 진간장(3), 식초(3), 맛술(2), 땅콩버터(2), 깨가루(1), 설탕(0.5), 레몬즙(0.5), 연겨자(0.5) 섞어 양념장을 만들고,
깨가루는 통깨를 믹서에 곱게 갈아 만들어요.

· 어드바이스
파프리카는 두꺼우니까 속을 저며 내고 채 썰어야 좋아요.

· 어드바이스
적채는 물에 담가 두었다가 사용해야 쌈무에 보라색 물이 들지 않아요.

**3** 맛살(1줄), 파프리카(주황색 ½개), 파프리카(노란색 ½개), 오이(½개), 무순(1줌), 피망(½개), 적채(½개)를 7cm 길이로 가늘게 채 썰어 빨주노초파남보 접시에 담고,

**4** 쌈무에 사진과 같이 재료들을 넉넉히 올려 꽃다발처럼 여며주고 마무리.

### ● 요리노트

**쌈무 만들기**

1 무는 둥글넓적하게 슬라이스해서 1리터 병에 차곡차곡 담고,

2 다시마(사방 5cm 1장), 월계수잎(3장) 넣고, 물(1컵), 현미식초(1컵), 설탕(1컵), 굵은소금(1)도 넣고 마무리.

냉장 보관하고, 다시마는 하루가 지난 다음에 빼내세요.

**고기류**를 추가해도 돼요. 햄은 뜨거운 물에 한 번 데쳐서 채 썰고, 소고기와 돼지고기는 잡채용으로 불고기하듯 양념해서 볶아요(양장피 252쪽 참조). 닭고기는 안심이나 가슴살을 삶아서 결대로 찢어 레몬즙을 살짝 뿌리세요.

지름 31cm 접시에 돌려 담으려면 재료 양을 2배(12인분)로 늘려 준비하세요.

카라 큐물러스 직사각 접시(34×17.5cm)

## 으라차차 대하찜

백수 시절에는 추석이 돼도 보너스는 물론이고, 선물도 들어오지 않았는데 인터넷에서 활동하며 여러 업체들과 관계를 갖다 보니 때 되면 항상 좋은 선물이 들어오더군요. 컨벡스코리아에서 보내주신 명품 대하로 으라차차 담백 고소 맛좋은 대하찜을 만들어 먹었답니다.

### 재료준비 2인분

**주재료** 새우(24cm 길이 대하 4마리), 레몬즙(4), 굵은소금(0.3)
**부재료** 오이(½개), 굵은소금(0.3), 죽순(½개=1줌), 굵은소금(0.2), 후춧가루(0.1), 식용유(1)
**잣소스** 잣(5), 물(4), 고운소금(0.3), 연겨자(0.3), 참기름(0.3), 후춧가루(0.2)

1 오이(½개)는 반으로 갈라 어슷 썰어 굵은소금(0.3) 뿌려 30분 정도 절였다가 물에 살짝 씻어 물기 꼭 짜서 준비하고,

2 죽순(½개=1줌)은 굵은소금(0.2), 후춧가루(0.1) 뿌려 밑간한 다음 식용유(1) 두른 팬에 볶아내고,

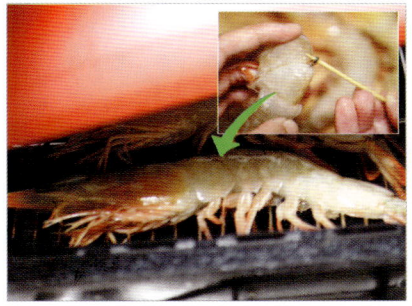

3 새우(24cm 길이 대하 4마리)는 등에 꼬치를 넣어 내장을 빼내고, 김이 오른 찜통에 올려 레몬즙(4), 굵은소금(0.3) 뿌린 다음 5분 정도 찌고,

4 한 김 식으면 머리, 껍질, 꼬리를 제거하고, 반으로 갈라 어슷 썰어 3등분하고,

### 요리노트
**새우를 냉동하는 방법**
1%의 소금을 녹인 소금물에 새우를 담가 두었다가 랩으로 감싸 냉동 보관하면 신선함을 오래 유지할 수 있어요.

5 믹서에 잣(5), 물(4), 고운소금(0.3), 연겨자(0.3), 참기름(0.3), 후춧가루(0.2) 넣어 곱게 갈아서 잣소스를 만들고,

6 준비한 새우, 오이, 죽순에 잣소스를 넣어 버무리고 마무리.

## 손 꾸락 쪽쪽 킹크랩찜

싱싱해에서 선물받은 킹크랩으로 난생처음 향긋한 맛의 게다리살을 경험해보았는데,
게맛살이 이 킹크랩 다리 살을 흉내 내서 만든 거였더군요.
정말 손꾸락을 쪽쪽 빨면서 미친 듯이 먹었습니다.

**주재료** 킹크랩(1마리), 레몬(1개)

1 싱싱해(http://singsinghe.co.kr)에서 킹크랩을 주문하면 살아 있는 채로 배송을 해줘요.

2 김이 오른 찜통에 킹크랩(1마리)의 등이 바닥으로 가게 올리고, 뚜껑 닫아 20~30분 정도 찌고,

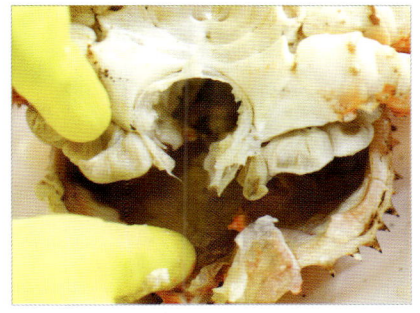

3 국물이 빠져나오지 않게 등딱지를 떼어내고,

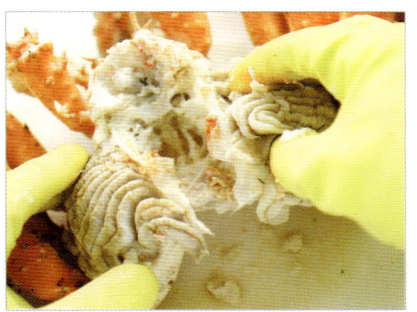

4 배에 붙은 아가미도 떼어내고,

5 몸통을 부러뜨리고,

6 몸통에 붙은 다리도 부러뜨리고,

7 다리 마디도 부러뜨리고,

8 다리 껍질을 가위로 잘라 먹기 좋게 만든 다음 접시에 담고 마무리.

**어드바이스** 소스는 필요 없고, 레몬(1개)을 살짝 짜서 먹으면 끝내줘요.

# 아롱아롱 사태찜

가을이면 가로수 은행나무(암그루)에 은행(銀杏, ginkgo)이 많이 열리죠.
가방 같은 것을 휙~ 던져 맞히면 마구 떨어지잖아요. 은행(銀行, bank) 터는 것보다 수입이 짭짤한데
국가 소유라고 잡혀가는 사태가 발생할 수도 있다네요.

## 재료준비 2 or 4인분

**주재료** 소고기(사태 300g), 물(4컵), 식용유
**부재료** 은행(6개), 달걀(1개), 무(4덩어리=600g), 당근(4덩어리=400g), 밤(4개)
**향신 채소** 대파(20cm 길이 1대), 마늘(2쪽), 생강(1톨), 표고버섯(2개)
**양념** 진간장(6), 설탕(2), 물엿(1.5), 맛술(1), 다진 파(1), 다진 마늘(1), 후춧가루(0.3), 깨(0.5), 참기름(1)

**1** 은행(6개)의 악취가 나는 물컹한 과육은 씻어내고, 단단한 껍질을 콱~ 깨물어 벗긴 다음 식용유를 두른 팬에 볶아 속껍질도 벗겨두고,

**2** 달걀(1개)은 식용유를 두르고 닦아낸 팬에 황색 지단, 백색 지단을 약불에서 만들고,

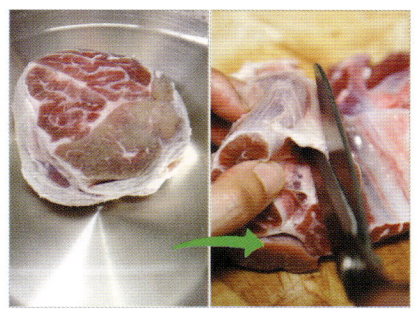

**3** 소고기(사태 300g)는 찬물에 1시간 정도 담가 핏물을 빼고, 힘줄을 잘라내면서 4cm 길이로 토막 내 16토막을 준비하고,

**4** 물(4컵)에 사태(16토막), 대파(20cm 길이 1대), 마늘(2쪽), 생강(1톨) 넣어 30분 정도 끓이면서 거품은 깨끗이 걷어내고,

**어드바이스**
무와 당근은 모서리를 깎아내야 부서지지 않아요.

르 크루제 소 스팬(18cm)

**5** 대파, 마늘, 생강은 건져내고, 무(4덩어리=600g), 당근(4덩어리=400g), 밤(4개) 넣어 10분 정도 끓이고,

**6** 표고버섯(2개), 진간장(6), 설탕(2), 물엿(1.5), 맛술(1), 다진 파(1), 다진 마늘(1) 넣어 중불에서 20분 이상 끓이면서 졸이고,

**7** 후춧가루(0.3), 깨(0.5), 참기름(1) 넣고, 은행과 지단을 올려 내고 마무리.

힘이 펄펄 나는 **붕어찜**

주말에 신랑이 붕어를 잡아와서 당황스러웠던 적이 있나요? 아니면 잡아올 신랑이 없어서 당황스러우신가요? 나물이네에서 남편이 잡아온 붕어를 어찌해야 할지 몰라하는 백공님을 위해 붕어찜을 소개해드렸죠. 저도 예전에 낚시를 참 좋아해서 자주 다녔어요. 사실 강태공은 못 되고 친구들이 잡은 붕어로 매운탕 끓여 먹는 맛으로 가는 거죠. 피라미 한 마리도 못 건지는 날에는 라면에 소주 한잔하는 맛도 좋았거든요.

## 재료준비 2인분

**주재료** 붕어(2마리), 무(2줌),
무청 또는 삶은 시래기(2줌)
**부재료** 인삼 뿌리(1), 들깨가루(5), 계피가루(0.3),
대파(2줌), 양파(1줌)
**양념장** 고추장(4) + 고춧가루(2) + 진간장(2)
+ 소주(2) + 설탕(1) + 다진 마늘(1)
+ 굵은소금(0.5) + 생강가루(0.3)
**멸치다시마 국물** 물(5컵), 국멸치(10마리),
다시마(사방 10cm 1장)

**1** 붕어(2마리)는 배를 갈라 내장이 안 터지게 살살 빼내고,

**어드바이스** 아가미 아래쪽에 있는 쓸개가 터지면 나중에 국물에서 쓴맛이 나요.

**2** 이물질이 많이 모여 있는 아가미 속을 파내고,

멸치다시마 국물

**3** 꼬리와 지느러미는 가위로 잘라내고, 칼을 세워 비늘을 긁어내고,

**4** 양면에 칼집 넣어 붕어 손질을 마치고,

**5** 물(5컵)에 국멸치(10마리), 다시마(사방 10cm 1장) 넣어 끓여서 멸치다시마 국물을 만들어두고,

**어드바이스** 멸치다시마 국물 대신 한약(인삼, 황기, 당귀, 진피, 감초 등등)을 달인 물을 사용하면 소음인에게 좋은 약붕어찜이 돼요.

**6** 냄비 바닥에 무(2줌), 무청 또는 삶은 시래기(2줌), 인삼 뿌리(1) 깔고,

**7** 손질한 붕어 올린 다음 들깨가루(5), 계피가루(0.3) 뿌리고, 분량대로 섞은 **양념장**을 올리고,

**어드바이스** 들깨가루와 함께 콩가루를 사용해도 좋아요.

**8** 대파(2줌), 양파(1줌) 덮고, 만들어둔 멸치다시마 국물을 부어 뚜껑 덮어 25분 정도 끓이고 마무리.

**어드바이스** 쑥갓, 미나리, 깻잎을 넣어주면 더욱 좋아요.

## 소면과 소라무침

웰컴울릉에서 참소라와 전호를 협찬해주셔서 맛나게 무쳐 먹었지요. 사실 센 양념에 참소라를 무치는 것은 참소라에 대한 예의가 아니지만 다양하게 즐기기 위해서 만들어 먹었어요. 소면 삶고, 소주 한잔하기에 딱 좋습니다.

## 재료준비 2인분

**주재료** 참소라(6개), 물(1컵), 레몬즙(1), 소면(1인분)
**부재료** 오이(1줌), 당근(½줌), 양파(½줌), 깻잎(3장), 전호 또는 미나리(½줌)
**양념** 고춧가루(2), 설탕(1.5), 물엿(0.5), 2배식초(1), 진간장(0.5), 고운소금(0.4), 다진 마늘(0.4), 양파즙(0.5), 생강가루(0.2), 후춧가루(0.2), 깨(0.5), 참기름(0.5)

**어드바이스** 일반 솥에 끓일 때는 1시간 40분 정도 삶거나 쪄야 부드러워요.

**1** 압력솥에 참소라(6개), 물(1컵) 넣어 2단 고압으로 20분 정도 가열한 다음 불 끄고 추가 다 내려갈 때까지 기다렸다가 꺼내 살만 손질하여 잘 씻고,

**2** 소라살(1줌)을 먹기 좋게 썰어 레몬즙(1) 뿌려 식히고,

**어드바이스** 내장은 맛이 씁쓸하니까 기름장이나 초장에 찍어 따로 드세요.

**어드바이스** 너무 매우면 물엿을 좀 더 넣어도 좋아요.

**3** 고춧가루(2), 설탕(1.5), 물엿(0.5), 2배식초(1), 진간장(0.5), 고운소금(0.4), 다진 마늘(0.4), 양파즙(0.5), 생강가루(0.2), 후춧가루(0.2) 넣어 무치고,

**4** 오이(1줌), 당근(½줌), 양파(½줌) 넣어 무쳐 간이 좀 배어들면,

## 요리 노트

### 전호

당근 잎처럼 생긴 전호는 울릉도 대나무밭 주변의 눈 속에서 자라는 미나리과 나물이에요. 맛은 이탈리안 파슬리(향나물)와 비슷하면서 그보다는 향이 더 얌전하고, 고급스럽다고 할까요? 베일에 가린 여인네의 모습 같아요.

참소라와 전호는 웰컴울릉 (http://welcomeulleung.com)에서 구입할 수 있어요.

**5** 깻잎(3장), 전호 또는 미나리(½줌), 깨(0.5), 참기름(0.5) 넣어 무치고 마무리.

**어드바이스** 쑥갓이나 영양부추를 넣어도 좋아요.

**6** 소면(1인분)을 삶아 찬물에 헹구고, 소라무침과 같이 비벼 먹으면 더욱 맛나요.

# 막걸리와 도토리묵무침

**장마철에 계속 비가 오는 것이 묵무침에 막걸리 한잔하라고 재촉해서 먹어주었죠.** 저는 개인적으로 조껍데기~ 막걸리가 참 좋더라고요.

### 재료준비 2인분

**주재료** 도토리묵(½모=4줌)
**부재료** 쑥갓(2줌), 깻잎(6장), 오이(½개), 양파(½개), 붉은고추(½개)
**양념** 진간장(4), 맛술(2), 설탕(2), 식초(1), 레몬즙(1), 고춧가루(1), 다진 마늘(0.4), 들기름(1), 들깨가루(0.5)

**어드바이스** 쑥갓이 없으면 상추를 넣어주세요.

**1** 도토리묵(½모=4줌)은 찬물에 담가 아린 맛을 빼고, 쑥갓(2줌), 깻잎(6장), 오이(½개), 양파(½개), 붉은고추(½개)도 찬물에 담가두고,

**2** 진간장(4), 맛술(2), 설탕(2), 식초(1), 레몬즙(1), 고춧가루(1), 다진 마늘(0.4) 섞어 양념장을 만들어 잠시 숙성시키고,

**3** 아린 맛을 뺀 도토리묵은 묵칼로 4×5cm 크기로 썰어 양념장에 버무린 다음 접시에 담고,

**어드바이스** 묵칼이 없으면 칼을 좌우로 흔들며 썰어도 돼요.

**4** 채소들도 양념장에 버무린 다음 들기름(1), 들깨가루(0.5) 뿌려 접시에 올리고 마무리.

**어드바이스** 들깨가루가 없으면 깨가루를 뿌려주세요.

보쌈에 먹는 무생채는 달달해야 맛있죠.
설탕이나 꿀을 취향에 따라 더 넣어도 좋아요.
**고기는 압력솥이 없으면 일반 냄비에
물을 더 넣고 50분 정도 삶아주세요.**

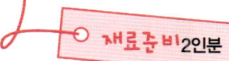
**재료준비 2인분**

**주재료** 돼지고기(통삼겹살 또는 통목살 400g),
무(大 6cm 길이 1토막=600g)
**무절임 양념** 설탕(3), 굵은소금(1.5)
**무생채 양념** 고춧가루(6), 쪽파(1줌), 다진 새우젓(2), 까나리액젓(1),
설탕(3), 다진 마늘(2), 생강가루(0.3), 깨(1)
**삶는 물 재료** 물(6컵), 대파(1대), 양파(½개), 마늘(4쪽),
된장(1), 커피(1), 맛술(1), 통후추(10알)
**고기 양념** 진간장(2), 맛술(2), 물(2), 설탕(1)

무생채와 **보쌈**

**1** 무(大 6cm 길이 1토막=600g)는 길이로 굵게 채 썰어 담고 설탕(3), 굵은소금(1.5) 뿌려 15분 정도 절인 다음 물은 따라내고,

**2** 고춧가루(6) 뿌려 물들인 다음 쪽파(1줌), 다진 새우젓(2), 까나리액젓(1), 설탕(3), 다진 마늘(2), 생강가루(0.3), 깨(1) 넣어 버무려서 무생채를 만들고,

**3** 압력솥에 **삶는 물 재료**와 돼지고기(통삼겹살 400g) 넣고 20분 정도 가열한 다음 불을 끄고 추가 다 내려갈 때까지 기다렸다가 뚜껑 열고,

**4** 진간장(2), 맛술(2), 물(2), 설탕(1)을 끓이다가 삶은 돼지고기를 넣어 중불에서 겉면에 색을 내듯 졸인 다음 썰어내고 마무리.

### 굴소스
굴소스는 생굴을 소금물로 발효시킨 후 위에 뜬 맑은 물에 설탕과 화학조미료를 가미해서 만드는데, 중국 요리는 거의 모든 요리의 간을 이것으로 한다고 할 수 있어요. 하지만 굴소스에는 화학조미료가 다량 들어 있기 때문에 자주 이용하는 것은 좋지 않아요. 굴소스 대신 진간장으로 간을 하는 것이 건강에 이롭답니다.

### 계피가루
계수나무의 껍질을 말려서 빻은 가루인데 주로 약과, 수정과 등에 향신료로 사용해요. 가까운 슈퍼에서 후춧가루 파는 코너를 보면 있어요.

### 월계수잎

월계수잎은 서양 요리를 할 때 넣어주면 그 특유의 향으로 잡내를 없애고 좋은 향을 첨가하는 역할을 하죠. 꼭 서양 요리를 할 때만 사용해야 하는 것은 아니고, 한식이나 중식, 일식을 만들 때 향신 채소를 사용하는 경우는 월계수잎도 같이 넣어주면 좋아요.

3월 3일 33데이를 맞이하여 삼겹살찜 동파육을 만들어 먹었죠.
**삶고, 지지고, 찌는 동파육은 중국의 소동파가 즐겨 먹었다고 해요.**
고수 또는 대파채를 곁들여 먹으면 좋아요.

## 소동파의 동파육

## 재료준비 2인분

**주재료** 삼겹살(덩어리 400g), 청경채(2포기)
**삶는 물** 물(5컵), 대파(½대), 양파(½개), 마늘(2쪽), 생강(1톨), 통후추(10알), 월계수잎(2장)
**데치는 물** 물(2컵), 굵은소금(0.5)
**양념** 식용유(2), 황설탕(2), 삼겹살 삶은 물(5컵), 진간장(3), 굴소스(1), 설탕(2), 맛술(2), 계피가루(0.3), 참기름(0.3), 녹말물(1)

**1** 물(5컵)에 대파(½대), 양파(½개), 마늘(2쪽), 생강(1톨), 통후추(10알), 월계수잎(2장) 넣어 끓이다가 1.5cm 간격으로 칼집 낸 삼겹살(덩어리 400g) 넣어 30분 정도 끓이고,

**2** 식용유(2) 두른 팬에 황설탕(2) 넣어 약불에서 녹인 다음 삶은 삼겹살을 넣어 고루 색이 나도록 지지고,

이마트에서 판매하는 일회용 여과지를 이용하면 깔끔하고, 편하게 불순물과 기름을 걸러낼 수 있어요.

**3** 지진 삼겹살을 담은 냄비에 삼겹살 삶은 물(5컵)을 여과지에 걸러 넣어주고,

**4** 진간장(3), 굴소스(1), 설탕(2), 맛술(2), 계피가루(0.3) 넣어 중불에서 1시간 정도 졸인 다음 삼겹살을 건져내 썰어 접시에 담고,

## 요리노트

### 실파무침 (2인분)

고기 먹을 때 곁들이면 좋아요.

**1** 진간장(2), 고춧가루(2), 설탕(1), 다진 마늘(1), 참기름(0.5), 깨(0.5) 넣어 섞고,

**2** 실파(3줌) 넣어 살살 무치고 마무리.

**5** 참기름(0.3), 녹말물(1) 넣고 끓여 걸쭉해지면 삼겹살에 뿌리고,

**6** 끓는 물(2컵)에 굵은소금(0.5), 청경채(2포기) 넣어 40초 정도 데친 다음 찬물에 헹궈 물기 꼭 빼서 접시에 담고 마무리.

# 오징어 손질하기

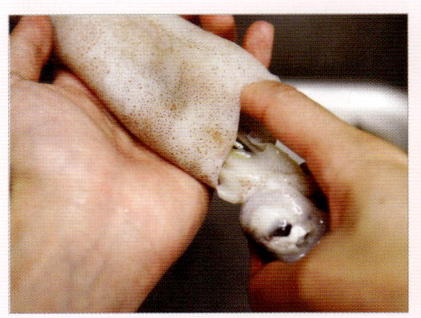

**1** 오징어 몸통에 손가락을 넣어 몸통과 내장을 분리시키면서 다리를 잡아당겨 빼내고,

냉동 오징어는 흐르는 물에 씻으면 금방 해동이 돼요.

**2** 뼈 한 줄기도 찾아서 뜯어내고,

**3** 뼈가 붙어 있던 자리를 가위로 잘라 펼치고,

**4** 손끝에 굵은소금을 약간 묻힌 다음 껍질과 같이 잡아당겨 벗기고,

손 끝에 굵은소금을 약간 묻혀야 껍질이 손에서 미끄러지지 않고 잘 벗겨져요.

**5** 다리 쪽에 붙어 있는 내장과 눈, 이빨을 제거하고,

양쪽 눈을 제거할 때 먹물이 튀지 않게 조심하세요.

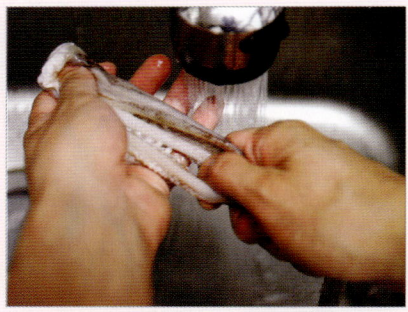

**6** 다리를 손으로 잡아당기며 훑어서 빨판을 제거하고 마무리.

몸통은 주로 볶음반찬 해먹고, 다리는 다시 냉동 보관했다가 찌개에 넣어 먹죠.

## 오징어 칼집 넣기

★ 데칠 때는 끓는 물에 레몬즙을 조금 넣고 1분 정도 데쳐요.
★ 가로로 채 썰면 안 말리고, 세로로 채 썰면 동그랗게 말려요.

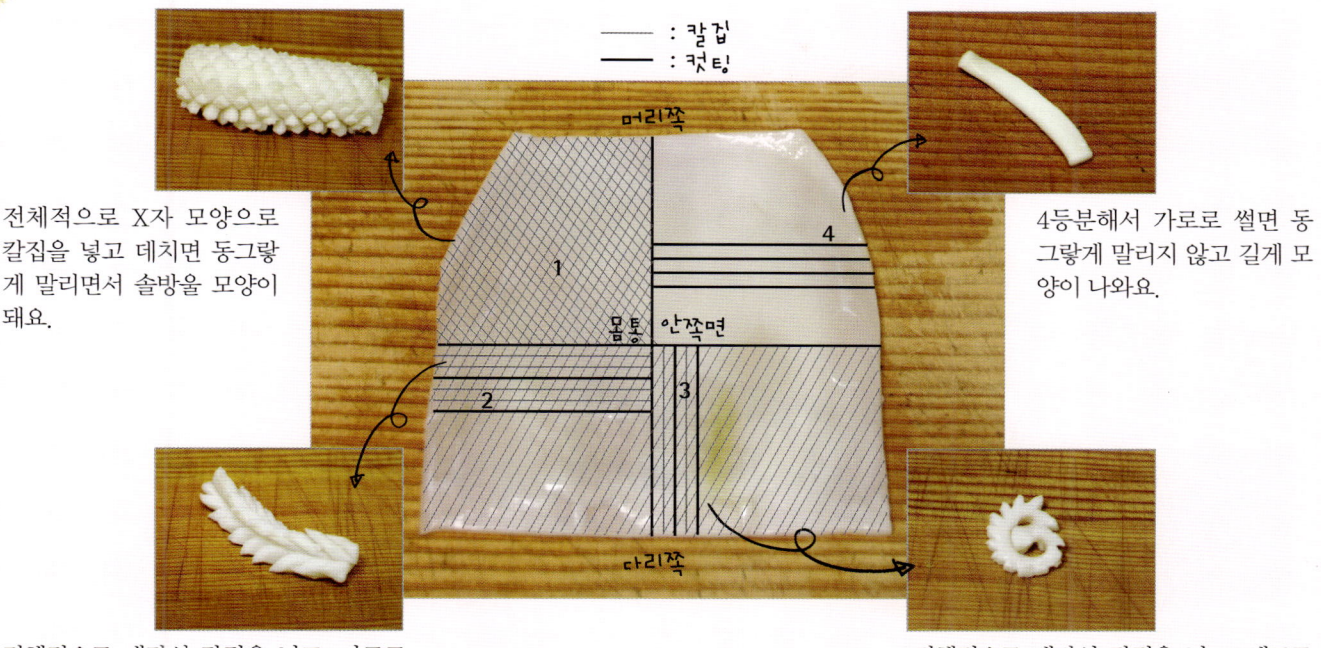

전체적으로 X자 모양으로 칼집을 넣고 데치면 동그랗게 말리면서 솔방울 모양이 돼요.

4등분해서 가로로 썰면 동그랗게 말리지 않고 길게 모양이 나와요.

전체적으로 대각선 칼집을 넣고, 가로로 칼집을 두 번 넣고, 세번째 커팅을 해서 데치면 말리지 않고 길게 나선형 모양이 나와요.

전체적으로 대각선 칼집을 넣고, 세로로 칼집을 한 번 넣고, 두번째 커팅을 해서 데치면 동그랗게 말리면서 모양이 나와요.

### 링썰기

몸통 길이가 18cm 정도 되는 작은 사이즈의 오징어를 통으로 썰어요.

### 칼집 넣는 요령

오징어에 칼집을 넣을 때는 오징어 몸통 안쪽에 넣어요. 바깥쪽은 칼이 잘 안 들어가거든요. 그리고 칼을 45도로 최대한 눕혀서 사선으로 깊게 넣죠. 간격은 2.5mm로 촘촘히 해야 예쁘게 모양이 나오고요.

양장피는 중국집에서 시켜 먹는 것보단 집에서 만들어 먹는 게 훨씬 맛나다죠. 손이 많이 가기는 하지만 그만큼 맛으로 보상해준답니다.

카라엘러시르 크리머

카라 업데이트 피자접시(31cm)

### 요리노트

#### 양장피

양장피는 녹두 전분으로 만들어 얇은 종잇장같이 건조된 상태로 판매하고 있어요. 마트에서 구입하거나 http://yum.co.kr에서 구입할 수 있어요.

#### 호부추

호부추는 중국 부추인데 잎은 부추 모양과 같고, 줄기 부분이 실파와 같이 흰색이죠. 볶음 요리할 때 사용하면 좋고, 만약 호부추가 없으면 피망을 채 썰어 사용하면 돼요.

카라엘러시르 소스볼(12cm)

## 코찡~요찡~ 양장피

## 재료준비 3~4인분

**주재료** 양장피(1장), 다진 마늘(0.3), 참기름(1)
**채소** 오이(½개), 당근(½개), 달걀(2개)
**해물** 새우(중하 6마리), 오징어(몸통 ½마리), 불린 해삼(½마리)
**잡채** 돼지고기(잡채용 ½줌), 양파(½개), 표고버섯(1개), 호부추(10줄기)
**밑간 양념** 맛술(0.5), 진간장(0.3), 생강즙(0.2), 후춧가루(0.1)
**잡채 양념** 식용유(2), 맛술(1), 굴소스(1), 후춧가루(0.2), 참기름(0.3)
**데치는 물** 물(4컵), 대파(1대), 마늘(1쪽), 레몬즙(1)
**겨자소스** 연겨자(1), 식초(3), 설탕(1.5), 배즙(2), 진간장(0.5), 고운소금(0.3), 땅콩버터(0.4), 다진 마늘(0.2), 참기름(0.2)

> **어드바이스**
> 지단을 할 때는 노른자와 흰자를 각각 체에 내려 코팅이 잘 된 팬에서 식용유를 약간만 둘러 키친타월로 닦아낸 다음 약불에서 노른자 지단부터 만들고 흰자 지단을 만들어요.

**1** 연겨자(1), 식초(3), 설탕(1.5), 배즙(2), 진간장(0.5), 고운소금(0.3), 땅콩버터(0.4), 다진 마늘(0.2), 참기름(0.2) 섞어 겨자소스를 준비하고,

**2** 오이(½개)는 돌려 깎아 채 썰고, 당근(½개)도 4cm 길이로 채 썰고, 달걀(2개)은 노른자와 흰자 지단을 만들고,

**3** 대파(1개), 마늘(1쪽), 레몬즙(1) 넣은 물(4컵)을 끓이다가 새우(중하 6마리)를 넣어 데치고 찬물에 헹궈 머리와 껍질을 벗겨 반으로 저미며 내장을 빼고,

**4** 오징어(몸통 ½마리)는 몸통 안쪽에 칼집 내 데친 다음 찬물에 헹구고, 불린 해삼(½마리)은 내장을 제거해 채 썰고 데쳐 찬물에 헹구고,

**5** 양장피(1장)는 찬물에 1시간 정도 불렸다가 끓는 물에 넣어 살짝 데치고, 찬물에 헹궈 먹기 좋은 크기로 찢어서 다진 마늘(0.3), 참기름(1) 넣어 버무린 다음 접시(지름 31cm) 가운데에 담아내고, 앞에 준비한 재료들도 접시에 돌려 담아 놓고,

**6** 돼지고기(잡채용 ½줌)에 맛술(0.5), 진간장(0.3), 생강즙(0.2), 후춧가루(0.1) 뿌려 밑간하고,

**7** 식용유(2) 두른 팬에 밑간한 돼지고기와 양파(½개) 넣어 볶다가 표고버섯(1개), 호부추(10줄기) 순으로 넣어 또 볶고, 맛술(1), 굴소스(1), 후춧가루(0.2), 참기름(0.3) 순으로 넣어 양념하고, 양장피를 담은 접시 위에 올리고 마무리.

개인 접시에 음식을 덜어 겨자소스를 취향에 따라 곁들여 먹어요.

카라엘러시르 접시
(28cm)

## 여덟 가지 보물 팔보채

**고기와 해산물, 채소 여덟 가지 보물로 만든다고 해서 팔보채라고 하죠.** 여러 요리를 하다 보면 어느새 냉동실에는 자투리 재료들이 모아져 있죠. 그때 팔보채를 해먹으면 냉동실 청소가 확실히 된답니다.

● 재료준비 2~3인분

**해물 재료** 해삼(½줌=50g), 소라살(4개), 오징어(몸통 ½마리), 그린홍합(4개), 새우(중하 4마리), 셀러리(5cm 길이 1대), 양송이버섯(3개), 당근(½개),

**기타 재료** 닭고기(가슴살 ½줌=50g), 양파(½개), 죽순(½개), 삶은 메추리알(4개), 청경채(2개)

**데치는 물** 물(3컵), 레몬즙(1), 맛술(1)

**양념** 식용유(1.5), 고추기름(0.5), 마른 고추(1개), 다진 파(1), 다진 마늘(0.5), 맛술(2), 진간장(1), 굴소스(1), 고운소금(0.3), 해물 데친 물(1컵), 녹말물(4), 참기름(0.5), 후춧가루(0.2)

● 요리 노트

### 그린홍합
보통 홍합보다 알이 큰 그린홍합은 관절염에 최고라네요. 마트의 냉동 코너에서 종이박스에 포장해서 판매하는 것을 구입하면 되는데, 한 번 삶아서 냉동한 것이니까 요리할 때는 살짝만 익히면 돼요.

### 불린 해삼
불린 해삼은 건해삼을 며칠 동안 물에 불려서 냉동 상태로 판매하는 것을 구입해서 물에 해동시켜 사용하면 편해요. 마트 냉동 식품 코너에서 구입할 수 있어요.

### 대체 재료들
닭고기 대신 돼지고기, 소고기를 넣어도 되고, 청경채 대신 피망, 브로콜리를 넣어도 돼요. 양송이버섯 대신 목이버섯, 표고버섯, 새송이버섯을 넣어도 되고요. 해물은 없으면 없는 대로 빼도 상관없죠. 그러나 해삼이 빠지면 매우 서운해요.

**1** 해삼(½줌=50g), 소라살(4개), 오징어(몸통 ½마리), 그린홍합(4개), 새우(중하 4마리), 셀러리(5cm 길이 1대), 양송이버섯(3개), 당근(½개) 준비하고,

**2** 끓는 물(3컵)에 레몬즙(1), 맛술(1) 넣고, 준비한 **해물 재료**를 넣어 살짝 데쳐 건져내고,

*어드바이스* — 해물을 데친 물은 버리지 말고, 여과지에 걸러 육수로 사용해요.

**3** 식용유(1.5)와 고추기름(0.5) 두른 팬에 마른 고추(1개), 다진 파(1), 다진 마늘(0.5) 넣어 볶아 향을 내다가 채 썬 닭고기(가슴살 ½줌=50g) 넣어 볶고,

**4** 양파(½개), 죽순(½개), 삶은 메추리알(4개) 넣어 볶다가 데친 **해물 재료**를 모두 넣어 볶아주고, 맛술(2), 진간장(1), 굴소스(1), 고운소금(0.3) 넣어 간하고,

**5** 해물 데친 물(1컵)을 넣어 1분 정도 끓이다가,

**6** 청경채(2개)와 녹말물(4) 넣어 걸쭉하게 만들고, 참기름(0.5), 후춧가루(0.2) 뿌리고 마무리.

*어드바이스* — 녹말물은 녹말가루와 물을 1:1 비율로 섞어 만드세요.

## 화끈하게 매운 홍합볶음

홍합은 천원어치만 사도 양이 무척 많죠. 싱싱할 때 화끈한 매운 양념에 볶아보아요.

**재료준비** 2인분

**주재료** 홍합(30개)
**향신 채소** 다진 양파(2), 다진 파(1), 다진 마늘(0.5), 다진 생강(0.3), 마른 고추(1개)
**양념** 고추기름(1), 두반장(2), 고춧가루(2), 설탕(2), 진간장(1), 맛술(1), 물(½컵), 후춧가루(0.3), 참기름(0.5)

**어드바이스**
두반장은 마트에 가면 중국 요리 소스 파는 코너에서 구입할 수 있고, 고기를 양념하고 볶음 요리할 때 많이 사용하는데 고추장 사용하듯 하면 돼요.

**1** 손질한 홍합(30개)을 물에 넣어 5분 정도 삶고,
홍합 손질은 165쪽을 참조하세요.

**2** 고추기름(1) 두른 웍에 다진 양파(2), 다진 파(1), 다진 마늘(0.5), 다진 생강(0.3), 마른 고추(1개) 넣어 볶아 향을 내고,

**3** 두반장(2), 고춧가루(2), 설탕(2), 진간장(1), 맛술(1) 넣어 볶다가 물(½컵) 부어 끓이고,

**4** 삶은 홍합을 넣어 버무린 다음 후춧가루(0.3), 참기름(0.5) 넣고 마무리.

**어드바이스**
숟가락으로 양념을 홍합 사이사이에 넣어 골고루 묻도록 하세요.

새콤달콤 유린소스가 여자들의 입맛을 유혹하죠.
## 중국 요리지만 느끼하지 않고 상큼해요.

**재료준비** 1인분

**주재료** 닭고기 넓적다리살(손바닥만 한 크기 1쪽=100g), 양상추(1줌), 식용유
**밑간 양념** 굵은소금(0.4), 후춧가루(0.2), 우유(⅓컵)
**튀김옷** 달걀(흰자 ½개), 녹말가루(4)
**유린소스** 진간장(2) + 설탕(2) + 레몬즙(2) + 식초(1) + 대파(5cm 길이 1대) + 붉은 고추(½개) + 청양고추(1개) + 다진 마늘(0.5) + 참기름(0.3)

### 새콤달콤 유린기

1 닭고기 넓적다리살(손바닥만 한 크기 1쪽=100g)에 굵은소금(0.4), 후춧가루(0.2), 우유(⅓컵) 넣어 30분 정도 재우고,

2 밑간한 닭고기에 달걀(흰자 ½개), 녹말가루(4) 순으로 묻혀 10분 정도 두고,

3 튀김옷을 입힌 닭고기를 식용유에 노릇하게 튀겨내고,

4 키친타월에 올려 기름을 빼면서 먹기 좋게 썰어 양상추(1줌)를 깐 접시에 올린 다음 **유린소스**를 듬뿍 뿌리고 마무리.

→ 베어터스 바하 접시

## 카스~ 양념치킨

축구 경기가 있으면 꼭 닭고기를 이용한 요리를 준비하고, 맥주 한잔하면서 응원을 하죠.

## 재료준비 1인분

**주재료** 닭고기(½마리), 식용유
**밑간 양념** 우유(⅓컵), 양파즙(1), 다진 마늘(1), 굵은소금(0.5), 다진 생강(0.3), 후춧가루(0.3)
**튀김가루** 녹말가루(1컵), 카레가루(2), 고운소금(0.3), 후춧가루(0.2)
**양념** 버터(1), 식용유(1), 다진 양파(¼개), 다진 마늘(0.5), 고추장(3), 케첩(3), 맛술(3), 핫소스(1), 진간장(1), 물엿(2), 설탕(1), 다진 땅콩(2)

핫소스는 멕시코 타바스코 지방의 작고 매운 붉은고추에 소금과 식초를 넣어 3년 이상 발효시켜 만드는데 이 타바스코소스는 1868년 미국의 에드먼드 매킬레니가 상품화해서 널리 알려지게 되었지요.

닭을 튀기는 냄비는 키친아트에서 나오는 '직화구이기'인데 구이냄비라고 하기에는 무리가 있고, 용량(4.5리터)이 커서 튀김이나 찜 요리를 할 때 아주 유용해요. 마블 팬과 세트 구성인데 http://cjmall.com에서 구입할 수 있어요.

### 요리노트

**무초절임**
1. 물(1컵)에 다시마(사방 5cm 1장) 넣어 5분 정도 끓이고,
2. 현미식초(1컵), 설탕(1컵), 굵은소금(1)을 넣어 녹여 배합초를 만들고,
3. 2cm 길이로 정육면체로 썬 무를 밀폐용기에 담고,
4. 만들어둔 배합초를 부어주고 마무리.

미니 강판 (이마트 자연주의에서 구입)

**1.** 닭고기(½마리)에 우유(⅓컵), 양파즙(1), 다진 마늘(1), 굵은소금(0.5), 다진 생강(0.3), 후춧가루(0.3) 넣어 1시간 정도 재우고,

*어드바이스* 재웠던 우유는 핏물이 흘러 나와 있으니까 살짝 따라 버리세요.

**2.** 녹말가루(1컵), 카레가루(2), 고운소금(0.3), 후춧가루(0.2) 섞은 튀김가루에 재운 닭을 넣어 버무린 다음 30분 정도 두어 촉촉해지면,

**3.** 낮은 온도의 식용유에서 한 번 튀긴 다음 건져 식히고, 다시 높은 온도에서 한 번 튀겨서 준비하고,

*어드바이스* 두 번 튀겨야 바삭하고 색도 잘 나요.

**4.** 버터(1)와 식용유(1) 두른 웍에 다진 양파(¼개), 다진 마늘(0.5) 넣어 볶다가,

**5.** 고추장(3), 케첩(3), 맛술(3), 핫소스(1), 진간장(1), 물엿(2), 설탕(1) 넣어 끓이고,

*어드바이스* 취향에 따라 식초 또는 레몬즙을 반 숟가락 더 넣어도 좋아요.

**6.** 튀긴 닭을 넣어 버무린 다음 다진 땅콩(2) 뿌리고 마무리.

## 일본식 스테이크

데리야끼소스와 발사믹소스의 블랙 하모니를 이루는 일본식 스테이크입니다. 집에서 스테이크를 해먹으면 어느 레스토랑보다도 맛이 좋습니다. 왜냐하면 질 좋은 고기를 사용하기 때문이죠. 둘이 먹다가 하나 죽어도 모른다니까요.

○ **재료준비** 2인분

**주재료** 소고기(안심 200g), 발사믹식초(⅓컵)
**밑간 양념** 고운소금(0.3), 후춧가루(0.2),
　　　　　올리브오일(1)
**부재료** 숙주(2줌), 양파(½개), 표고버섯(1개),
　　　　아스파라거스(2개), 새싹채소
**양념** 올리브오일(1), 맛술(2), 고운소금(0.4),
　　　후춧가루(0.2), 버터(1)
**데리야끼소스** 물(1컵), 진간장(4), 설탕(2), 물엿(1),
　　　맛술(4), 대파(10cm 길이 1대),
　　　마른 고추(1개), 마늘(2쪽),
　　　생강(1톨), 통후추(5알),
　　　표고버섯 기둥(1개), 녹말물(2)

● **요리노트**

### 발사믹식초

머스트(must:포도의 껍질과 펄프)를 가열하고, 여러 오크통에서 숙성 과정을 반복해 만들어지는(12년부터 100년 숙성된 것도 있음) 아주 고급스러운 향의 식초예요. 이탈리아의 모데나 지역은 발사믹식초의 생산지로 유명하답니다. 이 발사믹식초는 샐러드에 그냥 뿌려도 맛있지만 걸쭉하게 졸여서 소스로 사용하면 끝내주게 맛있어요. 마트의 외국 소스 파는 코너에서 찾아보세요.

### 그릴팬

집에 그릴팬이 있으면 좀 더 먹음직스럽게 요리를 할 수가 있지요. momcook.co.kr 에서 판매하는 르크루제 그릴팬은 주물 제품이면서 블랙매트 에나멜로 코팅되어 인체에 무해하다고 합니다.

**1** 소고기(안심 200g)는 칼등으로 두들긴 다음 고운소금(0.3), 후춧가루(0.2), 올리브오일(1) 뿌려 밑간하고,

**데리야끼소스**

어드바이스
녹말물은 물과 녹말가루를 1:1 비율로 섞어서 만들어요.

**2** 물(1컵)에 진간장(4), 설탕(2), 물엿(1), 맛술(4), 대파(10cm 길이 1대), 마른 고추(1개), 마늘(2쪽), 생강(1톨), 통후추(5알), 표고버섯 기둥(1개) 넣어 중불에서 10분 정도 끓이다가 모두 건져내고 녹말물(2) 넣어 걸쭉한 데리야끼소스를 만들고,

**발사믹소스**

어드바이스
발사믹식초를 졸이면 냄새가 심하게 나니까 환기를 잘 하세요.

**3** 발사믹식초(⅓컵)는 약불에서 졸여 걸쭉한 발사믹소스를 만들어 두고,

**4** 올리브오일(1) 두른 팬에 숙주(2줌), 양파(½개), 표고버섯(1개), 아스파라거스(2개) 넣어 볶다가 맛술(2), 고운소금(0.4), 후춧가루(0.2), 버터(1) 넣어 수분이 날아가도록 볶아주고,

**5** 볶은 채소를 접시에 담아 발사믹소스와 데리야끼소스를 뿌려두고,

**6** 밑간한 소고기는 달군 그릴팬에 취향대로 구워 접시에 담은 다음 새싹채소를 올리고 마무리.

## 비네그레트 소스와 훈제연어샐러드

**재료준비 2인분**

**주재료** 훈제연어(슬라이스 6장), 레몬(속껍질을 벗긴 것 3쪽)
**부재료** 케이퍼(3개), 샐러드(엔다이브, 비타민 등등)
**비네그레트소스** 식초(⅓컵), 양파즙(1), 연겨자(0.5), 고운소금(0.3), 후춧가루(0.3), 올리브오일(⅔컵), 다진 당근(1), 달걀(노른자 ½개)

새콤한 소스와 부드러운 훈제연어가 살살 녹아듭니다.
**케이퍼**(지중해에서 자란 식물의 꽃봉오리를 따서 식초에 절임한 것)와 함께 먹으면 케이퍼의 짜고 신맛이 느끼한 입맛을 개운하게 해주죠.

**1** 식초(⅓컵), 양파즙(1), 연겨자(0.5), 고운소금(0.3), 후춧가루(0.3) 넣어 섞고, 올리브오일(⅔컵) 부어 거품 내듯이 섞고,

**어드바이스**
케이퍼는 마트의 올리브, 피클 파는 코너에서 잘 찾아보면 있어요.

**2** 다진 당근(1), 달걀(노른자 ½개) 넣고 섞어 비네그레트소스를 만들어 접시 바닥에 적당히 깔고,

**3** 훈제연어(슬라이스 6장)는 2장씩 겹쳐서 돌돌 말아 꽃 모양으로 만든 다음 소스를 깐 접시에 담고,

**4** 훈제연어 꽃 위에 케이퍼(1개씩) 올리고, 샐러드(엔다이브, 비타민 등등)와 레몬(속껍질을 벗긴 것 3쪽)에 비네그레트소스를 적당히 뿌리고 마무리.

## 재료준비 2인분

**주재료** 단호박(½개=150g), 고구마(中 1개=150g),
훈제연어(슬라이스 10장)
**부재료** 방울토마토(2개), 케이퍼(10알),
스피아민트(10잎)
**소스(4인분)** 사과(½개), 양파(½개), 마요네즈(⅔컵),
다진 오이 껍질(1), 다진 양파(1),
다진 사과(1), 고추냉이(1), 설탕(1),
고운소금(0.5)

### 요리노트

**스피어민트**

스피어민트는 동네 화원에서 2천원이면 화분 한 개를 구입할 수 있는데, 박하 향과 맛이 나고 요리의 장식을 하기에도 참 좋아요. 환기가 잘 되고 빛이 잘 드는 창가에 놓고 키우면서 흙이 마르지 않게 물을 주면 잘 자라요.

## 연어볼 사케마루

사케마루는 **와인이나 정종, 맥주 안주로 좋아요.**
마트 냉동 코너에서 파는 훈제연어는
슬라이스 20장 정도가 포장되어 있어요.

먹는 방법 : 젓가락으로 연어살을 살포시 벗겨서 소스를 듬뿍 묻혀요. 그리고 고구마와 단호박, 방울토마토, 케이퍼, 스피어민트를 올리고 김 싸먹듯 젓가락으로 들어 입으로 직행~

**어드바이스**
매콤한 게 싫으면 고추냉이의 양을 조금 줄이세요. 소스는 절반만 접시에 깔고 연어볼을 올린 다음 방울토마토, 케이퍼, 스피어민트를 곁들여 드세요.

**1** 김 오른 찜통에 단호박(½개=150g)은 20분 정도 찌고, 고구마(中 1개=150g)는 30분 정도 쪄서 껍질 벗기고,

**2** 찐 단호박과 고구마를 볼에 넣어 포크로 으깬 다음 둥글게 볼을 만들고,

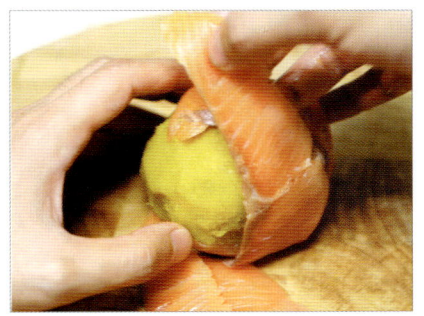

**3** 훈제연어(10장)로 볼을 감싸고,

**4** 사과(½개)와 양파(½개)를 믹서에 간 다음 마요네즈(⅔컵) 넣고, 오이 껍질(1), 양파(1), 사과(1)를 다져 넣고, 고추냉이(1), 설탕(1), 고운소금(0.5) 넣고 섞어 소스를 만들고 마무리.

Part 5 나물이네 스페셜 요리 263

카라 아브라 직사각
접시(20×9cm)

## 문어빵 타코야끼

**타코야끼 만들기가
생각보단 어렵지 않아요.**
타코야끼 틀은 nihonmart.com
에서 구입할 수 있으니까 집에서도
한 번 만들어보아요. 틀은 길이가
15cm이고, 타코야끼 한 개 지름은
4cm인 것을 사용했어요.
완성을 한 다음 파래가루 또는
파슬리가루를 뿌리면 좋아요.

## 재료준비 2인분=16개 분량

**주재료** 문어(16조각), 식용유
**반죽** 부침가루(1컵), 물(1컵), 송송 썬 쪽파(10줄기=½컵), 달걀(1개), 다진 양배추(4), 마른 새우가루(2)
**양념** 타코야끼 소스 또는 돈가스소스(3), 마요네즈(1), 가쓰오부시(2)

1 부침가루(1컵), 물(1컵), 송송 썬 쪽파(10줄기=½컵), 달걀(1개), 다진 양배추(4), 마른 새우가루(2) 섞어 반죽을 만들고,

2 마트에서 구입한 자숙문어는 살짝 데친 다음, 잘라 16조각을 준비하고,

3 달군 타코야끼 틀에 식용유를 넉넉히 바르고,

4 반죽을 넘치게 부어주고, 데친 문어(1조각씩) 넣어 익히고,

**어드바이스** 문어가 없으면 오징어, 새우, 베이컨 같은 것들을 넣어주어도 좋아요.

### 요리노트

#### 가쓰오부시

가쓰오부시는 가다랑어를 찐 다음 건조해서 얇게 포를 뜬 것인데 국물 멸치처럼 국물을 낼 때 사용하거나 오코노미야끼, 타코야끼 같은 일본 요리에 뿌려 뜨거운 열기에 찰랑찰랑 흔들리는 장식을 하는 데 사용돼요. 마트의 일본 요리 재료 파는 코너에서 구입할 수 있어요.

5 어느 정도 익으면 꼬치로 푹 찍어 돌린 다음 나머지 반죽을 밑으로 밀어 넣으면서 뒤집어 익히고,

**어드바이스** 바닥이 완전히 익어야 잘 돌아가요.

6 타코야끼 16개에 타코야끼소스 또는 돈가스소스(3) 바르고, 마요네즈(1) 뿌리고, 가쓰오부시(2) 올리고 마무리.

**어드바이스** 위생 비닐에 마요네즈를 넣고 모서리를 쇠젓가락으로 구멍 내어 가늘게 짜세요.

## 상큼 발랄 새우튀김샐러드

**재료준비** 2인분

**주재료** 새우(중하 6마리), 식용유
**튀김옷** 달걀흰자(½개) + 녹말가루(4)
**부재료** 브로콜리(1줌), 파인애플(1줌)
**소금물** 물(2컵) + 굵은소금(0.5)
**소스** 마요네즈(4), 파인애플주스(1), 스위트칠리소스(1), 설탕(0.5), 레몬즙(0.5), 고운소금(0.3), 후춧가루(0.1)

새우는 콜레스테롤이 높다고 알려져 있죠.
하지만 꼬리와 같이 먹으면 괜찮다고 해요.
여기에 신선한 채소와 과일을 곁들이면 더욱 좋겠죠.

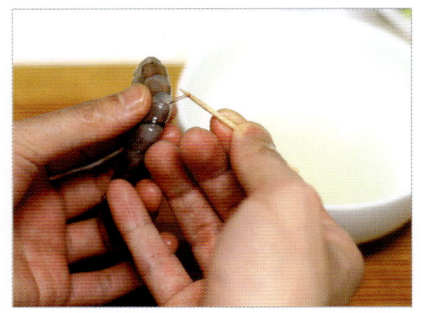

**1** 새우(중하 6마리)는 머리, 껍질, 내장을 제거하고,

**스위트칠리소스**
붉은고추와 각종 채소가 주재료인 태국 소스인데, 매콤, 달콤하면서도 새콤한 맛이 강하게 자극되며 고추 입자와 씨가 보이는 시럽 상태의 소스예요. 치킨텐더나 춘권을 찍어 먹어도 맛있어요.

**2** **튀김옷**을 묻혀 식용유에 튀겨 준비하고,

**3** 브로콜리(1줌)는 끓는 **소금물**에 데친 다음 찬물에 헹구고, 파인애플도 깍둑 썰어 1줌 준비하고,

**어드바이스**
녹색 채소는 소금물에 데친 다음, 찬물에 헹구면 색이 예뻐요.

**4** 마요네즈(4), 파인애플주스(1), 스위트칠리소스(1), 설탕(0.5), 레몬즙(0.5), 고운소금(0.3), 후춧가루(0.1) 섞어 준비한 재료에 뿌리고 마무리.

## 재료준비 2인분

**주재료** 오징어(몸통 1마리)
**부재료** 샐러드(양상추, 치커리 1줌), 방울토마토(3개), 파인애플(4조각)
**드레싱** 발사믹식초(3), 올리브오일(1), 파인애플주스(2), 다진 마늘(0.5), 설탕(0.5), 고운소금(0.3), 후춧가루(0.2)

발사믹식초는 샐러드에 그냥 뿌려도 맛있지만 걸쭉하게 졸여서 소스로 사용하면 끝내주게 맛있어요. 마트의 외국 소스 파는 코너에서 찾아보세요.

# 구운 오징어샐러드

링 모양으로 썰어 요리하는
**오징어는 몸통 길이가 18cm 정도 되는 작은 사이즈로 사용해야 아담하니 예뻐요.**

**1** 링 모양으로 썬 오징어(몸통 1마리)에 발사믹식초(3), 올리브오일(1), 파인애플주스(2), 다진 마늘(0.5), 설탕(0.5), 고운소금(0.3), 후춧가루(0.2) 넣어 1시간 정도 재우고,

**2** 오징어만 건져 마른 팬에 굽고,

**3** 오징어 재우고 남은 양념 국물은 따로 졸여 드레싱을 만들어 식히고,

**4** 접시에 샐러드(양상추, 치커리 1줌)와 방울토마토(3개), 파인애플(4조각), 구운 오징어를 담은 다음 드레싱을 뿌리고 마무리.

### 시저카르도니의 시저샐러드

1922년 시저카르도니라는 요리사가 개발한 요리로, **양상추보다 비타민 C가 세 배나 많은 로메인레터스를 이용한 샐러드예요.** 로메인레터스는 에게 해 코스 섬이 원산지라 **'코스'라고도 부르는데 마트 쌈 코너에 가보면 있어요.** 저는 길이가 좀 더 짧은 '미니 코스'가 더 맛있는 것 같더라고요. 맛은 양상추와 상추의 중간 맛이고요. 로메인레터스를 못 구하겠으면 양상추 또는 다른 쌈 채소로 해도 상관없어요.

## 재료준비 4인분

**주재료** 로메인레터스=코스(2포기)
**부재료** 베이컨(2장), 칵테일새우(10마리), 삶은 달걀흰자(1개), 파마산치즈가루(2)
**크루통** 올리브오일(4), 마늘(2쪽), 식빵(2쪽을 사방 1cm 길이로 썬 것), 파마산치즈가루(1), 파슬리가루(0.5)
**삶는 물** 물(4컵), 레몬즙(1), 굵은소금(0.5)
**시저소스** 올리브오일(⅓컵), 삶은 달걀노른자(반숙 1개), 마요네즈(1), 안초비(2마리), 마늘(1쪽), 레몬즙(2), 식초(1), 설탕(1), 우스타소스(1), 고운소금(0.3), 후춧가루(0.2)

1 로메인레터스(2포기)는 찬물에 담가 두었다가 물기 털어내고, 먹기 좋게 손으로 뜯어 접시에 담고,

> **어드바이스**
> 크루통은 식빵, 오일, 치즈, 파슬리를 버무려서 200℃로 예열한 오븐에서 5분 정도 구워주면 더욱 좋아요.

2 올리브오일(4) 두른 팬에 마늘(2쪽) 넣어 향을 내다가 식빵(2쪽을 사방 1cm 길이로 썬 것)을 넣어 중불에서 노릇하게 굽고, 기름 빼면서 파마산치즈가루(1), 파슬리가루(0.5) 넣어 버무려서 크루통을 만들어 접시에 담고,

### 요리노트

**우스타소스**
우스타소스는 간장에 토마토케첩을 섞은 맛이 나는 서양 간장이에요. 슈퍼에서 구입하세요.

3 마른 팬에 베이컨(2장)도 사방 1cm 길이로 썰어 노릇하게 구워 접시에 담고,

4 물(4컵)에 레몬즙(1), 굵은소금(0.5) 넣어 끓이다가 냉동 칵테일새우(10마리) 넣어 30초 정도 데쳐내 담고,

5 새우를 데친 끓는 물에 달걀(1개) 넣어 6분 정도 삶아 반숙을 만들고,

> **어드바이스**
> 안초비가 없으면 멸치액젓을 넣어 간을 맞추어도 상관없어요.

6 분량대로 **시저소스** 재료를 믹서에 넣고 갈아 샐러드에 뿌리고,

> **어드바이스**
> 파마산치즈 덩어리가 있을 경우에는 필러로 얇게 저며 올리세요.

7 삶은 달걀흰자(1개)도 썰어 담고, 파마산치즈가루(2) 뿌리고 마무리.

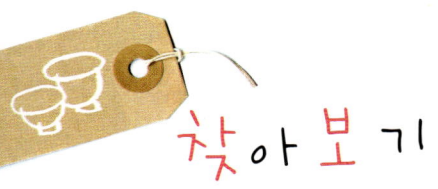
# 찾아보기

## ㄱ
가지그라탱 160
가지냉국 16
가지볶음 87
가지스파게티 174
감자그라탱 158
감자볶음 88
감자조림 89
검은콩지짐이 101
고구마샐러드 218
고구마조림 91
고들빼기김치 78
고등어구이 146
고추장떡 103
고추장찌개 33
고춧잎나물 58
곤드레나물밥 198
곤약버섯장조림 96
구절판 232
굴밥 192
그린커리치킨 201
그린티프라푸치노 220
그린홍합구이 149
근댓국 14
김치밥 194
까르보나라 173
깻잎김치 81

꼴뚜기조림 120
꽁치총각김치조림 127
꽃게튀김 118
꽈리고추멸치볶음 122

## ㄴ
낙지호롱구이 150
냉이된장국 12
노각나물 63

## ㄷ
다시마쌈밥 190
단무지무침 62
단호박떡케이크 228
달걀찜 111
달걀탕 110
달래무침 53
닭개장 38
닭날개구이 138
닭매운탕 40
닭칼국수 166
대하찜 236
도토리묵무침 246
동그랑땡 112
동파육 248
돼지고기볶음 114
두부숙회 98
두부조림 99

두부찌개 32
또띠아피자 161

## ㄹ
로스트치킨 136
로스트포크 140
로지스파게티 176
뢰스티 210
리졸레포테이토 155

## ㅁ
마늘종무침 61
막국수 168
매운홍합볶음 256
메밀국수 180
멸치새우볶음 123
모둠튀김 212
몬테크리스토 216
무쌈 234
무초나물 65
무토장국 21
묵은지찜 86
미역국 18
미역줄기볶음 107
미역취나물 66

## ㅂ
바나나토스트 153

바비큐립 142
방게볶음 119
방아장떡 102
방풍나물 55
뱅어포구이 124
버섯들깨탕 37
버펄로윙 139
보쌈 247
봄동겉절이 56
부지갱이나물 70
부추김치 79
북어미역국 19
붕어찜 242
비름나물 54
비빔만두 222
비지전 100
비지찌개 28

## ㅅ
사케마루 263
사태찜 240
삼계죽 206
삼나물초무침 72
삼선자장면 186
삼치데리야끼 128
삼치카레구이 147
새우구이 148
새우완자탕 36

새우튀김샐러드 266
소고기된장찌개 30
소고기뭇국 20
소라무침 244
소라죽 202
송이버섯산적 152
수수팥떡 230
순두부된장국 27
스무디 221
스크램블에그 215
스테이크 260
시금치나물 57
시래깃국 24
시저샐러드 268
쑥갓나물 59
쑥버무리 224
쑥전 225
씀바귀무침 73

안초비스파게티 178
알감자조림 90
야끼소바 184
양념치킨 258
양배추김치 84
양배추쌈밥 191
양장피 252
양파장아찌 85

어묵곤약볶이 117
어묵국 22
어묵햄볶음 116
얼갈이물김치 77
얼갈이배추나물 76
연어베이글 223
오곡밥 195
오리주물럭 115
오야코동 200
오이나물 75
오이소박이 82
오이초무침 74
오징어된장찌개 29
오징어뭇국 26
오징어샐러드 267
오징어조림 121
우거지갈비탕 46
원추리나물 50
유린기 257
유부된장찌개 31
유부우동 182
유채나물 52

잔대나물 51
잔멸치볶음 126
장어구이(데리야끼) 144
장어구이(고추장) 145

쟁반국수 169
전복조림 129
전복죽 204
조기매운탕 42
조기조림 132
쥐포볶음 125
쪽파나물 64
찜케이크 226

참치전 113
청국장찌개 34
초계탕 167
촌국수 170
추어탕 44
추어튀김 213
치즈오믈렛 211
치킨커틀릿 208

코다리볶음 130
콘버터 219
콩나물냉채 94
콩나물어묵국 23
콩나물장조림 95
킹크랩찜 238

ㅌ

타코야끼 264
토스트 214
톳나물무침 109

ㅍ

팔보채 254
팽이버섯볶음 104
팽이버섯전 105
페페론치노 172
펜네포르노 156
포테이토스킨 154
풋고추김치 80
풋마늘무침 60

해물떡국 197
해물볶음밥 199
해초무침 108
해초비빔밥 196
호박고지나물 68
호박부침개 106
호박잎쌈 93
호박조림 92
홍합칼국수 164
훈제연어샐러드 262

누가 해도 참 맛있는
나물이네 밥상2

1판 1쇄 발행 2007년 2월 9일
1판 16쇄 발행 2018년 1월 18일

글·요리·사진 나물이(김용환)

발행인 양원석
본부장 김순미
편집장 최두은
책임편집 차선화
교정교열 하혜숙
디자인 design all(02-776-9862)
표지사진 류창현
일러스트 문수민
제목손글씨 조은영(http://noonbora.com)
소품 협찬 ㈜SAMBO 대형할인점, 백화점, 하이퍼마켓, 슈퍼마켓 등에서 사용하는
  쇼핑카트, 진열대, 운반기기 전문 회사(http://www.sambocorp.com)
해외저작권 황지현    제작 문태일
영업마케팅 최창규, 김용환, 정주호, 양정길, 신우섭, 이규진, 김보영, 임도진

펴낸 곳 ㈜알에이치코리아
주소 서울시 금천구 가산디지털2로 53, 20층 (가산동, 한라시그마밸리)
편집문의 02-6443-8861    구입문의 02-6443-8838
홈페이지 http://rhk.co.kr
등록 2004년 1월 15일 제2-3726호

김용환 ⓒ 2007

ISBN 978-89-255-0585-5 (23590)

※ 이 책은 ㈜알에이치코리아가 저작권자와의 계약에 따라 발행한 것이므로
  본사의 서면 허락 없이는 어떠한 형태나 수단으로도 이 책의 내용을 이용하지 못합니다.
※ 잘못된 책은 구입하신 서점에서 바꾸어 드립니다.
※ 책값은 뒤표지에 있습니다.